保健指導
プリント資料集

保健指導
プリント
資料集

本書は『健康教室』2017年10月臨時増刊号にCD-ROMを付加し単行本化したものです。

CONTENTS

※各項目の前の印は、それぞれ以下を表しています。
●＝小学校用　■＝中学・高校用

05　chapter_01　生活習慣の保健指導
● _ 早く寝るといいことがたくさん！　……06
■ _ 睡眠で心も体も健康！　……07
● _ 朝ごはんは1日を始めるエネルギー　……08
■ _ 朝ごはんで元気モリモリ！　……09
● _ うんちをきちんと出していますか？　……10
■ _ 毎日出してお腹もすっきり！　〜排便のハナシ〜　……11

13　chapter_02　喫煙・飲酒・薬物乱用防止の保健指導
● _ ダメだよ！　喫煙・飲酒　……14
■ _ 喫煙・飲酒のデメリット　……15
● _ 薬の副作用って？　……16
■ _ 薬物・危険ドラッグは絶対にNG！　……17

19　chapter_03　熱中症予防の保健指導
● _ 熱中症に気をつけよう　……20
■ _ 熱中症に気をつけよう　……21
● _ 日焼けと紫外線のフシギ　……22
■ _ 日焼け・紫外線の話　……23
● _ 汗をかいたら水分をしっかりとろう　……24
■ _ 汗をかいたら必ず水分補給を！　……25

27　chapter_04　救急処置の保健指導
● _ 覚えておこう！　RICE　……28
■ _ いざというときのために！　RICE　……29
● _ すりきず、きりきず、さしきず　……30
■ _ すり傷、切り傷、刺し傷　……31
● _ まずは冷やすこと！　やけどの手当て　……32
■ _ やけどをしたら　……33
● _ つき指、ねんざをしたときは　……34
■ _ 突き指、ねんざ　……35
● _ 虫さされに気をつけて　……36
■ _ 虫刺され　……37

39　chapter_05　目・耳・鼻・口の保健指導
● _ ものもらいって何だろう？　……40
■ _ 気をつけよう　ものもらい（麦粒腫・霰粒腫）　……41
● _ ドライアイって知っている？　……42
■ _ ドライアイをふせごう　……43
● _ 近視・遠視・乱視のちがい　……44
■ _ 近視・遠視・乱視の違いから理解しよう　……45
● _ 中耳炎に気をつけよう　……46
■ _ 中耳炎に気をつけよう　……47
● _ 耳のなかはきれいかな？　……48
■ _ 耳そうじのしすぎで外耳道炎に!?　……49
● _ 鼻出血（鼻血）　……50
■ _ 鼻出血（鼻血）にご用心！　……51

- ●_アレルギー性鼻炎 ……52
- ■_アレルギー性鼻炎 ……53
- ●_お口の健康を大切にしよう ……54
- ■_歯周疾患を撃退しよう！ ……55
- ●_そしゃくとだ液 ……56
- ■_咀嚼とだ液 ……57

59　chapter_06　感染症予防の保健指導

- ●_インフルエンザに負けないぞ！ ……60
- ■_インフルエンザの基礎知識と対処について ……61
- ●_感染性胃腸炎について知ろう ……62
- ■_感染性胃腸炎に気をつけて ……63
- ●_アタマジラミの話 ……64
- ■_アタマジラミにご用心！ ……65
- ■_知っておきたい性感染症の基礎知識 ……66

67　chapter_07　病気の理解とその対応の保健指導

- ●_食物アレルギーってなあに？ ……68
- ■_食物アレルギーＱ＆Ａ ……69
- ●_花粉症を乗り切ろう ……70
- ■_花粉症乗り切り講座 ……71
- ●_食中毒予防の基礎知識 ……72
- ■_食中毒予防の基礎知識 ……73
- ●_もしかして、じんましん？ ……74
- ■_じんましんについて知っておこう ……75
- ●_にきびに気をつけて ……76
- ■_にきび対策をしよう ……77
- ●_ちょ〜大切なげりと便秘の話 ……78
- ■_ちょ〜大切な下痢と便秘の話 ……79
- ●_めまいを感じたら… ……80
- ■_めまいを感じたら… ……81

83　chapter_08　その他の保健指導

- ●_姿勢について ……84
- ■_姿勢について ……85
- ●_下着を着て、一年中健康にすごそう ……86
- ■_まじめな下着の話 ……87
- ●_肥満とやせ ……88
- ■_肥満とやせ ……89
- ●_スマホの健康被害 ……90
- ■_スマホの健康被害 ……91
- ●_体と心の不思議な関係 ……92
- ■_LGBTの基礎知識 ……93
- ●_乗りもの酔いを予防しよう ……94
- ■_ストップ・ザ・乗り物酔い ……95
- ■_人工妊娠中絶の話 ……96
- ■_ピアスを使う前に ……97
- ■_デートＤＶ ……98

医学監修：玉川進
　　　　（独立行政法人国立病院機構
　　　　　旭川医療センター病理診断科）

編集協力：ひだいますみ
　　　　（スタジオ・ペンネ）

表紙デザイン：五味朋代（フレーズ）
本文デザイン：優希秋人
表紙イラスト：村瀬エレナ
本文イラスト：あくつじゅんこ
　　　　　　　岡林玲
　　　　　　　サタケシュンスケ
　　　　　　　タカハシダイスケ
　　　　　　　トォーリャー
　　　　　　　早川乃梨子
　　　　　　　フクイサチヨ
　　　　　　　みやもとかずみ
　　　　　　　ワダフミヨ

chapter_01
生活習慣の保健指導

- ☑ 早く寝るといいことがたくさん！
- ☑ 睡眠で心も体も健康！
- ☑ 朝ごはんは1日を始めるエネルギー
- ☑ 朝ごはんで元気モリモリ！
- ☑ うんちをきちんと出していますか？
- ☑ 毎日出してお腹もすっきり！ 〜排便のハナシ〜

chapter_01
生活習慣の保健指導

小学校用資料

早く寝るといいことがたくさん！

早く寝たりしっかり睡眠をとったりすることは大切ですが、どうして、早く寝ることが大切なのでしょうか？「夜の遅い時間に寝ても、つぎの日に遅い時間まで寝ていれば、しっかり睡眠がとれるんじゃないの？」と思っている人もいるのではないでしょうか？

遅く寝たときのつぎの日は…

夜、遅い時間に寝たときのつぎの日の朝は、こんな状態になっていませんか？

☑ すっきり起きられない　☑ 目ざめてもまだ眠い　☑ 食欲がわかない　☑ 頭がボーッとする

「遅い時間に寝て、こんなにいいことがあった！」という人はいないはず！夜ふかしをすると、つぎの日は朝から元気に活動できません。朝から元気に活動できるようにするためにも、睡眠はとても大切なのです。

睡眠の役割

脳の神経細胞は、毎日たくさんの情報を処理したり、体中にさまざまな命令を出したりして一生懸命働いています。そのため、疲れをとるために、わたしたちが毎日睡眠をとって冷やしてあげることで、疲れから回復させています。そのほか、成長ホルモンが寝ている間に出て、骨や筋肉の成長をうながしたり、免疫力を高めたりします。

もしも遅い時間まで寝ていると…

わたしたちの体は、朝、太陽の光を浴びて1日を始める仕組みになっています。遅い時間まで起きていて、つぎの日の朝に遅い時間まで寝ていると、体のリズムがくずれて調子が悪くなってしまいます。リズムをくずさないようにするために、毎朝決まった時間に起きましょう。

早く寝るようにするために

朝、太陽の光を浴びる

睡眠をうながすメラトニンという物質は、まわりの明るさによって増えたり減ったりしています。朝、目が覚めたときに太陽の光を浴びておくと、夜になるとメラトニンが脳から出始め、眠気を感じられるようになります。

昼間に体を動かしておく

昼間のうちに、外で遊んだり運動をしたりしておくと、ちょうどよく疲れて、夜は早い時間に眠くなり、ぐっすり眠ることができます。

睡眠で心も体も健康！

「ちょっとぐらい寝なくたって大丈夫！」なんて思っている人はいませんか？ きちんと睡眠をとることが心と体の健康に大きく関係しています。

睡眠の役割

脳を休ませる

脳の神経細胞は、毎日たくさんの情報を処理したり、体中にさまざまな命令を出したりして一生懸命働いています。そのため、疲れをとるために、私たちが毎日睡眠をとって冷やしてあげることで、疲れから回復させています。

免疫力を高める

免疫力とは、体にとってよくない細菌やウイルスとたかかう力のことです。免疫力は睡眠中に高まります。逆に、睡眠不足が続くと免疫力が下がり、病気にかかりやすくなります。

成長を助け、疲れから回復させる

脳下垂体という部分から分泌される成長ホルモンが、寝ている間に骨を伸ばしたり筋肉を成長させたりしています。成長ホルモンは、特に睡眠前半のノンレム睡眠の間に最もたくさん出ます。また、成長ホルモンは細胞の新陳代謝を進めて、傷んだ細胞を寝ている間に治す機能もあります。

よい睡眠を得るためのコツ

スマホやタブレットを寝る前に使わない

スマホやタブレット、パソコンやテレビなどからは「ブルーライト」という光が出ています。スマホやタブレットはテレビやパソコンと違って手元で使うので、画面と目の距離が近くなり、ブルーライトの影響も大きくなります。ブルーライトは太陽の光にもふくまれていて、朝、太陽の光を浴びることで体内時計をリセットし、脳や体を活動状態に向けて活性化します。そのため、夜にブルーライトが目に入ると、体が「今は昼間なんだ」と勘違いしてしまいます。すると、内臓や神経に昼間用の信号が送られ続け、体は眠るための準備ができなくなり、睡眠不足になってしまいます。

寝る前にはものを食べない

食べ物を食べると、胃や腸は食べ物を消化するために活動します。食べ物は、消化されるまで数時間かかります。寝る前にものを食べた場合、みなさんが眠っている間に胃や腸は食べ物を消化するために働くことになり、休むことができません。

湯船のお湯は40℃くらいに

40℃くらいのお湯にゆっくりつかると、体が温まって、副交感神経という神経が刺激されて活発になり、首や肩の疲れがとれてリラックスできます。

chapter_01
生活習慣の保健指導

小学校用資料

朝ごはんは1日を始めるエネルギー

朝ごはんを食べていますか？　朝は前の日の夕ご飯から時間がたっているので、体のなかはエネルギーのもとがなく、からっぽの状態になっています。そのため、朝ごはんは、体のエネルギーになり、また、眠っていた体を目ざめさせるスイッチにもなります。

朝ごはんの役割

午前中の元気のもとになります

朝ごはんは、1日を元気にすごすための最初のエネルギーになります。朝ごはんを食べないとおなかが空いたままなので、授業に集中できませんし、イライラすることもあります。集中できないことやイライラの原因は、脳のエネルギー不足です。脳のエネルギーは「ブドウ糖」です。朝ごはんは、いろいろな栄養素を内臓や筋肉にも送り届けて、体全体を目ざめさせることにも役立ちます。

体温を上げます

食事をすると、血液が消化管に集まります。すると、食べものを消化したり、内臓が活発になったりして、体温が上がります。そして、朝ごはんを食べることで発生した熱が、寝ている間に下がった体温を上げて、眠っている体を目ざめさせます。

うんちを出しやすくします

腸がよく動くタイミングは、朝起きた後とおなかが空いた後の食事の後です。そして、前の日に食べたものがうんちになって出てくるのがつぎの日の朝です。つまり、腸がよく動くタイミングに合うのが、朝起きた後でありおなかが空いた後の食事後、朝ごはんなのです。

脳を元気にします

ブドウ糖は体のなかにたくさんためておくことができないので、脳に必要な分がすぐに足りなくなります。

朝ごはんをおいしく食べるために

わたしたちの体のなかには「体内時計」と呼ばれるものがあります。体内時計は、睡眠や体温、血圧やホルモン分泌などの変化を管理しています。また、わたしたちが昼間は元気に活動できるように、夜はゆっくり休めるように活躍していて、わたしたちが健康にすごすために欠かすことのできないものです。

体内時計がしっかり働くためにも、朝ごはんを食べることはとても大切です。

中学・高校用資料

chapter_01
生活習慣の保健指導

朝ごはんで元気モリモリ！

「食べる時間がなかったから…」などと言って、朝ごはんを食べない人はいませんか？朝ごはんを食べないと、元気が出ません。つまり、朝ごはんを食べるということは、元気モリモリになるということです。朝ごはんがみなさんを元気にする理由を知っていますか？

朝ごはんの役割

午前中の元気のもとになります

1日を元気に過ごすために必要な朝ごはんを食べずに学校へ行くと、お腹が空いているので授業に集中できず、イライラしたり頭がボーッとしたり…。このような状態は、脳のエネルギーが足りていないことが原因です。脳のエネルギーは「ブドウ糖」。朝ごはんは、脳に必要なブドウ糖や、さまざまな栄養素を内臓や筋肉に送り届けて、体全体を目覚めさせます。

脳を元気にします

脳は他の臓器と違って、ブドウ糖だけをエネルギーのもとにしています。脳は、他の臓器よりも多くのエネルギーを消費しますが、ブドウ糖は体の中にたくさんためておくことができないので、すぐに足りなくなってしまいます。ですから、脳がブドウ糖を補給せずに1日を元気よくスタートさせることは難しいのです。

排便しやすくなります

腸がよく動くタイミングは、朝起きた後とお腹が空いた後の食事後です。つまり、腸がよく動くタイミング＝排便にぴったりのタイミングが、朝起きた後でありお腹が空いた後の食事後、朝ごはんということになります。

体温を上げます

食事をすると消化管の機能が活発になり、血液が消化管に集まります。すると、食べ物を消化したり、内臓が活発になったりすることで体の中の活動が活発になり、体温が上がるのです。

> chapter_01
> 生活習慣の保健指導

小学校用資料

うんちをきちんと出していますか？

健康で元気にすごすために、必要な栄養を毎日の食事からとっていると、いらなくなったものは、「うんち」として体の外に出ていきます。では、体にいらなくなったものである「うんち」が、もしも規則正しく出なくなったら…？ 「うんち」が規則正しく出なくなることを「便秘」といいます。

便秘になると

- ☑ おなかが張ったり痛くなったりする
- ☑ 気分がすっきりしなくなる
- ☑ イライラしたり、眠りにくくなったりする
- ☑ 肌が荒れたり、ふき出ものができたりする
- ☑ 食欲がなくなる　などの症状があらわれます。

大腸の働き

食道、胃、小腸につづいて、消化の最終の働きを担当しているのが大腸です。うんちの約80％は水で、残りの20％は食べもののカス・はがれた腸粘膜・腸内細菌でできています。食べもののカスは、最初はドロドロしていますが、大腸で水分が吸収されて硬くなり、便として排泄されます。健康な大腸は、縮んだりゆるんだりする動きをくり返して便を送り出します。

便秘のときの大腸は…

- ●結腸という部分で、縮んだりゆるんだりする動きが弱いと、便を先に送り出せなくなることで便秘がおこります。
- ●大腸が縮んだりゆるんだりする動きが強くなりすぎると、腸がけいれんをおこしてしまい、便がスムーズに送られなくなります。
- ●排便のリズムが乱れると、便が直腸にたどり着いても、「うんちをしたい」感じがおこりません。

理想的なうんち

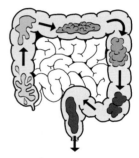

- ☑ 毎日出る
- ☑ 力を入れなくてもすっきり出る
- ☑ 黄色
- ☑ あまりにおわない
- ☑ 1回あたり200〜300g（バナナ1〜2本分）

理想的なうんちを出すためには、野菜や豆、きのこなど食物繊維の多いものを中心に3食きちんと食べたり、朝ごはんをしっかり食べたりすることが大切です。

実はうんちの色やかたち、においは、食べたものや飲んだものからだけでなく、ふだんの生活習慣、みなさんの毎日の生活のしかたの影響を受けます。そのため、色やかたち、においから、健康状態を知ることができます。

毎日出してお腹もすっきり！ 〜排便のハナシ〜

健康で元気に過ごすために、必要な栄養を毎日の食事からとっていると、いらなくなったものは便としてからだの外に出ていきます。定期的な排便がなく便秘になると、お腹が張ったり痛くなったりする、気分がすっきりしなくなる、イライラしたり、眠りにくくなったりする、肌が荒れたり、吹き出物ができたりする、食欲がなくなるなどの症状が現れます。また、便秘が続いて便が腸の中に長くとどまると、腸内に悪玉菌が増えることで骨盤内の血行が悪くなって、全身の血行が悪くなったり自律神経の働きが乱れたりもします。

排便のコツ

栄養バランスのよい食事を3食とる

食事をとらなかったり量を減らしたりすると、うんちのもとが足りなくて、十分な量のうんちが作られず、排便しにくくなります。また、栄養バランスに偏りがあっても排便しにくいです。野菜・豆・いも・きのこ・海藻・果物など、食物繊維の多い食べ物をとるようにしましょう。

朝ごはんを食べる

腸がよく動くタイミングは、朝起きた後とお腹が空いたときの食事の後です。そのため、朝ごはんの後は、特に排便しやすいタイミングなのです。朝ごはんを食べなかった人、トイレにゆっくり入る時間がない人は損をしているのと同じ！　1日の中で一番排便しやすい時間を有意義に使えるように、朝は早起きして時間に余裕をもたせましょう。

起きたらすぐに、水か牛乳をコップ一杯飲む

飲み物などで刺激を受けた胃や腸は活動が活発になり、便意をもよおします。

運動をする

運動不足の場合、腸のまわりの筋肉とともに排便する力が弱まります。運動をして、筋肉を鍛えることが大切です。

ストレスをためない

腸の運動は自律神経という神経が調節しています。そのため、ストレスによって自律神経が緊張しすぎると、便秘になりやすくなります。リラックスして副交感神経がよく働くと、腸の運動が活発になります。

chapter_02
喫煙・飲酒・薬物乱用防止の保健指導

- ☑ ダメだよ！ 喫煙・飲酒
- ☑ 喫煙・飲酒のデメリット
- ☑ 薬の副作用って？
- ☑ 薬物・危険ドラッグは絶対にＮＧ！

chapter_02
喫煙・飲酒・薬物乱用
防止の保健指導

小学校用資料

ダメだよ！　喫煙・飲酒

子どもはタバコを吸ったりアルコール（お酒）を飲んだりしてはいけません。未成年（19歳以下の人）がタバコを吸ったりアルコールを飲んだりすることは法律で禁止されているだけではなく、成長途中のみなさんの心と体は、タバコやアルコールの影響を受けやすいのです。

タバコの害

タバコの煙には4000種類以上の化学物質がふくまれていて、体にとってよくない物質が200種類以上もふくまれています。依存性（やめられなくする力）の強いニコチンやタール、一酸化炭素がよく知られていますが、他にも、50種類以上の発がん物質がふくまれていて、がんなど全身の病気を引きおこします。このように、タバコは吸う人の体に悪い影響を及ぼしますが、まわりにいる人にも悪い影響を及ぼしています。タバコの先から出るけむり（副流煙）は、直接タバコが燃えて出るけむりなので、吸う人の体に入るけむりよりも有害な物質がたくさんふくまれているからです。

タバコにふくまれる有害な物質

● ニコチン…依存を引きおこす原因物質です。タバコを吸うことで肺から吸収されて全身に広がり、血管を縮めます。

● タール…発がん物質のベンツピレンなど、数10種類の発がん物質がふくまれています。

● 一酸化炭素…血液のなかの酸素の流れを悪くします。

アルコール（お酒）の害

①脳の神経細胞を破壊します。

アルコールを長い期間、たくさん飲みつづけると脳が縮んできます。脳が未完成の未成年者の場合、脳の萎縮がとくにおこりやすいのです。

②未成年者はアルコールを分解する酵素の働きが未発達です。

アルコールをたくさん飲んだ場合、急性アルコール中毒になる危険性が大人よりも高いです。

③アルコール依存症になりやすくなります。

未成年者は心も体も発達段階の途中であるため、飲むアルコールの量を判断する力がありません。そのため、未成年のときからアルコールを飲んでいると、どんどん量が増えます。そして、より多くのアルコールを飲まないといられなくなり、アルコール依存症になってしまいます。

喫煙・飲酒のデメリット

　未成年者喫煙禁止法や未成年者飲酒禁止法などで、子どもがタバコを吸ったりアルコール（お酒）を飲んだりすることは禁止されています。では、なぜ子どもはタバコを吸ったりアルコールを飲んだりしてはいけないのでしょうか？

タバコの悪影響

　タバコの煙に含まれる4000種類以上の化学物質の中に、体にとって有害な物質が200種類以上も含まれています。有害物質として有名なのが、依存性（やめられなくする力）の強いニコチン、数10種類の発ガン物質を含むタール、血液中の酸素の流れを悪くする一酸化炭素。そしてタバコは、吸う人だけでなくまわりにいる人にも悪い影響を及ぼしています。タバコの先から出る煙「副流煙」は、吸う人が体内に吸い込む煙よりも多くの有害物質を含んでいるからです。

こんなにある！ タバコの害

- 体のさまざまな部分での発ガン
- 多くの臓器（循環器系、呼吸器系、消化器系、中枢神経、感覚器系）での病気の発症
- ニコチン依存による禁煙の困難
- 肌や顔の老化（目じりや口のまわりに深いしわができる、肌がくすむ、唇が乾燥する、白髪、歯や歯茎の変色、口臭）

アルコールが未成年に及ぼす悪影響

〈身体的影響〉

- **脳の発達を妨害します**
  脳が成長している時期のアルコール摂取により、脳の神経細胞が破壊され、脳萎縮をもたらします。
- **二次性徴を遅らせます**
  アルコールは、二次性徴に必要な性ホルモンに悪影響を及ぼします。
- **急性アルコール中毒になりやすくなります**
  アルコールに慣れていないので、急にたくさんのアルコールを摂取すると酔いの影響が強く出て、急性アルコール中毒になりやすいです。
- **内臓の病気を引き起こします**
  脂肪肝や肝硬変、すい炎や糖尿病などの原因になります。

〈精神的影響〉

- **学習意欲が低下します**
  集中力が続かなくなり、学習意欲が低下してしまいます。
- **性格が変わります**
  怒りっぽくなったりなどすることがあります。

〈社会的影響〉

- **人を傷つける原因になります**
  飲酒運転による交通事故や、暴力行為を起こしやすくなります。
- **やる気をなくします**
  勉強が嫌になったり頑張ろうとする意志がなくなったりと、学校での生活を送れなくなります。

chapter_02
喫煙・飲酒・薬物乱用
防止の保健指導

小学校用資料

薬の副作用って？

かぜをひいたときやおなかが痛いときに、薬を飲むことがあると思います。熱が下がったりおなかが痛いのが治ったりして、薬ってすごいですよね。薬は、体調が悪いときに治すことを助ける力がありますが、一方で体にとってよくない場合もあります。

薬の副作用って？

薬は、飲むと血液から全身に行きわたります。具合の悪いところだけでなく、なんともないところにも薬の成分が届きます。そのため、すべての薬は主作用（病気を治したり、具合の悪いのをよくしたりする働き）と副作用（具合を悪くする働き）があります。たとえば、頭が痛いときに飲む薬を飲んで頭の痛いのが治ったら主作用、眠くなったら副作用です。

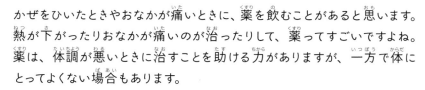

〈副作用の症状の例〉
- ☑ 眠くなる
- ☑ かゆくなる
- ☑ めまいがする
- ☑ のどが渇く
- ☑ じんましんが出る
- ☑ げりをする

薬でアレルギー？

薬は主作用と副作用の他に、アレルギーをおこすこともあります。薬によるアレルギーは、誰にでもおきる可能性があります。

〈薬によるアレルギーの症状〉
- ●皮ふのかゆみ
- ●じんましん
- ●声のかすれ
- ●くしゃみ
- ●のどのかゆみ
- ●息苦しさ
- ●心臓のどきどき

副作用をふせぐために

他の方法でその症状をやわらげることができる場合は、簡単に薬にたよることがないようにしましょう。副作用には、体調や薬の使い方、性質などが関係していることがあります。薬を飲むときは自分の体調をよく考え、「たくさん飲めば早く治るかな」などと、決められた量よりも多く飲むことがないようにしましょう。また、他の人が病院で出してもらった薬をもらって飲んだり使ったりすることは絶対やめましょう。

中学・高校用資料　chapter_02 喫煙・飲酒・薬物乱用防止の保健指導

薬物・危険ドラッグは絶対にNG！

　危険ドラッグの使用や薬物に関するニュースを見たことがあると思います。薬物は、たった1回の使用でも「乱用」です。薬物とは、自分の生活や人の命も失いかねない、とても危険なものです。

薬物乱用とは

　法律で決められた方法以外の方法で薬物を使うことを薬物乱用といいます。1回の使用でも「乱用」になります。薬物には、覚せい剤・コカイン・大麻（マリファナ）・LSD・MDMA・マジックマッシュルーム・危険ドラッグなどさまざまなものがあり、使用、所持、売買が法律で規制されています。
　危険ドラッグは「合法ドラッグ」「脱法ハーブ」などと呼ばれ、危険性がないかのような表現で販売されていますが、これは販売元が勝手に名づけているだけで、中身は大変危険なものです。
　また、シンナーなどの有機溶剤、睡眠薬、鎮痛剤などの医薬品を通常の用途以外の方法で使用することも「薬物乱用」の一つです。

薬物を使うと簡単に痩せられる？　勉強に集中できる？

　薬物で「簡単に痩せられる」「勉強に集中できる」などという考えは、間違ったイメージです。薬物を使用することで、必ず健康を害し、最悪の場合、命にかかわります。

心・体・周囲への影響

幻覚が見えるようになる
脳が正常に機能しなくなり、泣きわめいたり突然笑い出したり、激昂したりと精神状態が不安定になります。幻覚も現れるようになり、精神に異常をきたします。

急性中毒を起こす
1回で大量の薬物を乱用すると、命を落とす場合もあります。

慢性中毒を起こす
継続的に薬物乱用することで脳や内臓の活動に悪影響を及ぼし、免疫力が低下したり病気にかかりやすくなったりします。

大切な人が離れていく
精神が不安定になったり薬物依存になったりすることで、家族や友だちが離れていきます。

薬物依存の恐怖

　薬物依存とは、薬物の効果がなくなることにより、「もっと薬物が欲しい」と思ってしまうようになることです。薬物は1回乱用すると、薬物の作用や精神的な不安などにより、何度も乱用するようになります。最終的には、薬物をやめることができなくなります。

chapter_03
熱中症予防の保健指導

- ☑ 熱中症に気をつけよう
- ☑ 熱中症に気をつけよう
- ☑ 日焼けと紫外線のフシギ
- ☑ 日焼け・紫外線の話
- ☑ 汗をかいたら水分をしっかりとろう
- ☑ 汗をかいたら必ず水分補給を！

chapter_03
熱中症予防の保健指導

小学校用資料

熱中症に気をつけよう

夏の暑い時季に気をつけたいのが熱中症です。暑くて湿度の高いときにはげしい運動をしたり、室温が高い室内にいたりすると、体のなかの水分が不足して汗が出なくなったり、体温が調節できなくなったりして、体への負担が増えます。すると、体温が高くなってしまい、体がけいれんしたり頭が痛くなったりします。

熱中症の症状

立ちくらみやめまい、頭痛や吐き気などがおこり、呼びかけに反応しなくなったり、体温の調節ができなくなって高体温になったりもします。最悪の場合、命にかかわることがあります。

注意が必要なとき

- 暑くて湿度が高いところで長時間運動をしているとき
- 湿度や室温が高い室内にいるとき

とくにこんなときに注意！

朝ごはんを食べていないとき

朝ごはんを食べていないと、寝ている間にかいた汗で不足した水分や塩分が補給できていないので、汗をかきにくくなり、熱中症になりやすいのです。

風がないとき

汗は風が吹いていると、乾くときに体温を調節しやすくなります。しかし、風がないと汗が乾きにくくなるので、体温調節をうまくすることができません。

熱があったり、げりをしていたりなど具合が悪いとき

熱があると、運動をすることでさらに高い体温になってしまいます。げりの場合、体のなかの水分が足りなくなっているので熱中症になりやすいです。

寝不足のとき

寝不足だと疲れがとれておらず、また、体力が回復していないため、しっかり睡眠をとったときよりも熱中症になりやすくなります。

熱中症の予防のしかた

- ☑ しっかり睡眠をとる
- ☑ 水分（水・麦茶・汗をたくさんかくときにはスポーツドリンク）をこまめにとる
- ☑ たくさん汗をかいたときは塩分もとる
- ☑ 運動をするときは、休憩をとる
- ☑ 暑い時季になる前に、暑さに慣れておく

熱中症に気をつけよう

急に暑くなったときや、運動しているときに気をつけたいのが熱中症です。熱中症は屋外にいるときだけでなく、屋内にいるときもかかることがあるので、夏場は注意が必要です。

屋外ではこんなときに注意！

気温が高いとき
（急に暑くなってきたとき）

湿度が高いとき

水分をとっていないとき

他にも、朝ごはんを食べていなかったり、寝不足だったり、体調が悪かったりするときも要注意！

屋外の条件＋屋内ではこんなときに注意！

風通しが悪いとき　　室温が高いとき

寝ているときは暑さに気づきにくいので気をつけましょう。エアコンや扇風機を使ったり、寝る前に水分補給をしたりして、熱中症を予防しましょう。

熱中症かな？と思ったときは

・風通しのいい場所（日陰など）で休憩する

・首や腋の下、足のつけ根などの太い血管があるところを氷のうなどで冷やす

・経口補水液やスポーツドリンクなどを飲む

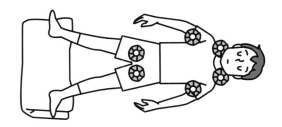

熱中症にならないために大事なこと

・暑いときや湿度の高いときには無理をしない

・運動はなるべく涼しい時間帯にする

・風通しのいい日陰でこまめに休憩をとる

chapter_03
熱中症予防の保健指導

小学校用資料

日焼けと紫外線のフシギ

太陽の光は生きものが生きるために必要なものですが、日焼けや皮ふの病気、目の病気など、体に対していろいろな悪い作用をおこします。日焼けや紫外線について勉強してみましょう。

紫外線って何だろう？

太陽から届く光にはさまざまなものがありますが、紫外線は日焼けのもとになったり、皮ふの病気（皮ふがんなど）の原因になったりしています。

日焼けはどうしておこるの？

「日焼け」という言葉には、紫外線により皮ふが赤くなる「サンバーン」と、その後黒くなる「サンタン」がふくまれます。サンバーンは紫外線による皮ふのやけど、サンタンはサンバーンの結果おこる、メラニンの増加です。皮ふのなかには、太陽の光をふせぐための黒い色のつぶがあります。太陽の光にあたると、このつぶがたくさん出てきて皮ふが黒くなりますが、これが日焼けです。太陽の光にふくまれる紫外線が体に入りすぎないようにするために、黒い色（メラニン）のつぶが、紫外線をすいとります。このつぶは太陽の光にあたると増えて、光が弱いと少なくなります。そのため、太陽の光にあたって真っ黒になるのは、たくさんの紫外線が体にあたり、体の表面にメラニンのつぶがたくさん増えたためです。

もしも日焼けで水ぶくれができてしまったら

水ぶくれができるほどの日焼けは、やけどにあたります。そのため、冷やすことが大切です。水道水の流水をあてたり、シャワーをかけたりして冷やしましょう。冷やしてもヒリヒリするときは、タオルで巻いた氷をあてて冷やしましょう。あまりにもひどい場合は、皮ふ科でみてもらってください。水ぶくれは絶対につぶしてはいけません。

正しい日焼け止めの使い方

顔に塗る場合は、クリームタイプならパール大（パチンコ玉大）、液体タイプなら1円玉大を手のひらに取って塗り伸ばし、同じ量で2回塗りしましょう。必要な量を十分に塗らないと、日焼けをふせぐ効果が出ません。首、胸元、耳たぶ、手の甲や足の甲、腕や背中に塗るのも忘れないように。
※汗で流れてしまいますので、その場合には再度塗り直すことが大切です。

日焼けのときにしてはいけないこと

日焼けした肌はとてもデリケートです。服を着替えるときは服があたらないようにしたり、熱いお湯につかったりすることはやめましょう。また、自分の判断で何かをつけたり塗ったりすると、悪化させてしまう可能性があるのでひかえ、様子をみてもよくならないときには皮ふ科にかかりましょう。

日焼け・紫外線の話

日焼けは、肌にとってダメージであり、シミやしわ、皮膚がん、目の病気の原因にもなります。また日焼けは、ひどい場合はやけどと同じような状態ですので、日焼けしないように紫外線をふせぐことが大切です。

紫外線のしくみ

太陽の光には、目に見える光（可視光線）と、目に見えない赤外線、紫外線があります。紫外線は最も波長の短い光で、波長によってUVA、UVB、UVCに分かれています。この3つのうち、地表に届くのは、UVAとUVBです。

〈肌へのUVAの影響〉

UVAは、肌に急激なダメージを与える力は弱いのですが、太陽からの紫外線の約9割を占め、肌に蓄積する影響を与えます。真皮まで届き、肌のハリや弾力を失わせて光老化を引き起こす原因になります。また、メラニン色素を酸化させ、肌を黒くさせる作用もあります。

〈肌へのUVBの影響〉

UVBは、太陽からの紫外線の約1割ですが、肌への影響が強いため、短時間受けただけでも肌が赤くなるサンバーン（日やけによる炎症反応）や、数日後に肌が黒くなるサンタン（色素沈着反応）を引き起こします。炎症やシミの原因となるだけでなく、表皮細胞やDNAを傷つけるなどの影響も及ぼします。

紫外線の影響

紫外線は、体にとってよい面と悪い面があります。しかし、悪い面のほうが多いのです。

〈よい面〉

- ●ビタミンDの生合成

ビタミンDは、日常生活で自然に浴びている紫外線で生合成されているため、わざわざ日焼けしなくても十分です。また、食べ物からとることもできるので、足りなくなることはありません。

〈悪い面〉

- ●日焼け
- ●光老化（シミ、しわ、皮膚がんなど）、翼状片、白内障の原因になる
- ●体力低下、免疫抑制

正しい日焼け止めの使い方

顔に塗る場合は、クリームタイプならパール大（パチンコ玉大）、液体タイプなら1円玉大を手のひらに取って塗り伸ばし、同じ量で2回塗りしましょう。必要な量を十分に塗らないと、日焼けをふせぐ効果が出ません。また、汗で流れたり、汗を拭いたりすることでとれてしまうので、その場合には塗り直すことも大切です。塗り忘れしやすいのが、首、胸元、耳たぶ、手の甲や足の甲、腕や背中です。

chapter_03
熱中症予防の保健指導

小学校用資料

汗をかいたら水分をしっかりとろう

汗をかいたときには水分をとることが大切ですが、水分のとり方にコツがあることを知っていますか？ 水はわたしたちの体のなかで、さまざまな役割を果たしています。

体のなかでの水の役割

- 食べものを消化する過程で作用する、さまざまな酵素が活躍できるようにする。
- 栄養素などを溶かして、血液にのせて体全体に運搬する。
- 体のなかにある、必要のないものをおしっこやうんちとして排泄するのを助ける。
- 汗として体の外に出ることで体温調節をする。

水分が必要な理由

わたしたちの体の約60〜70％は水分だといわれています。体のなかの水分は、体内への栄養分の運搬、老廃物の排泄、体温調節などをするために必要ですが、血液中や細胞間にも存在しています。わたしたちはおしっこや汗など、日常生活で、1日に約2.5ℓもの水分を失っています。そのため、失った分の水分をとらないといけません。

のどの渇きを感じる前に

「のどが渇いた」と感じているときは、体のなかの水分がすでに足りなくなっている状態です。渇きを感じる前に水分をとることが大切です。

汗をかいたら何を飲む？

運動をして汗をかいたときや、熱中症予防をするためには水分をとることが大切です。たくさん汗をかくと、汗にふくまれる塩分の量が増えます。そのため、汗をたくさんかくことで塩分が体の外に出てしまったときに水しか飲まないでいると、かいた汗の量と同じ量しか水が飲めなくなります。なぜなら水だけを飲んでいると、血液のなかの塩分が薄まってしまうので、それ以上塩分が薄まることがないようにする必要があるためです。

また、体は、血液のなかの塩分の量を保つために、余分な水分を尿として体の外に出してしまうため、さらに脱水が進みます。そのため、たくさん汗をかいたときは水ではなく、塩分をふくんだ水分や経口補水液（スポーツドリンクよりも電解質濃度が高く、糖分が少ない飲みもの）、スポーツドリンクを飲むことが大切です。

中学・高校用資料　chapter_03 熱中症予防の保健指導

汗をかいたら必ず水分補給を！

暑いときや汗をかいたときは水分補給をすることが大切ですが、水分補給の方法にコツがあることを知っていますか？

汗をかいたら何を飲む？

運動をして汗をかいたときや、熱中症を予防するためには、しっかりと水分をとることが大切です。しかし、たくさん汗をかくと、水分だけでなく、塩分やカルシウムなど体にとって必要なものも汗と一緒に出ていってしまいます。そのため、水分補給では水だけでなく、汗で失われた塩分やカルシウムも一緒に補う必要があります。運動をしてたくさん汗をかいたときには、塩分を含んだ水分、経口補水液、スポーツドリンクなどを飲むことで、失われた塩分やカルシウムもきちんと補うことが、熱中症予防にもつながります。

日常生活で水分が減る

私たちは日常生活で、1日に約 2.5ℓ もの水分を失っています。失う水分は、排泄で約 1.6ℓ、汗や呼吸で約 0.9ℓ です。また、食べ物や飲み物、体の中で作られる水（代謝水といいます）によって、一日に必要な水分の量は約 2.5ℓ に調節されています。暑かったり運動したりして汗をかいた場合、水分が体の外に出るので、失った分の水分を取り入れるために水分補給は大切なのです。

のどの渇きを感じる前に

「のどが渇いた」と感じているときは、体の中の水分がすでに足りなくなっている状態です。渇きを感じる前に水分をとることが大切です。

塩分（ナトリウム）を補給することの大切さ

たくさん汗をかいたときは、かいた汗の量の水を飲むことができません。これを「自発的脱水」といいます。「自発的脱水」とは、水だけを飲んでいると、血液中の塩分濃度が下がり、水が飲めなくなってしまう状態のことです。体の中では、塩分濃度をもとに戻そうとして、尿で水分を体外に出そうとします。「自発的脱水」が起こると、運動能力が低下したり体温が上昇したりして、熱中症にかかりやすくなります。

少ない量を、こまめに

のどが渇いたからといって一気にがぶ飲みするのではなく、汗をかく前にコップ1〜2杯、汗をかいているとき（運動しているときなど）はコップ半分〜1杯くらいを、20〜30分ごとにとりましょう。

chapter_04
救急処置の保健指導

- ☑ 覚えておこう！RICE
- ☑ いざというときのために！RICE
- ☑ すりきず、きりきず、さしきず
- ☑ すり傷、切り傷、刺し傷
- ☑ まずは冷やすこと！やけどの手当て
- ☑ やけどをしたら
- ☑ つき指、ねんざをしたときは
- ☑ 突き指、ねんざ
- ☑ 虫さされに気をつけて
- ☑ 虫刺され

chapter_04 救急処置の保健指導　　小学校用資料

覚えておこう！RICE

けがをしたときに救急処置ができるようにしておくと、いざというときにあわてずに対応できます。体を打ったり足をひねったりしたときに、それ以上ひどくしないようにするためにする救急処置をRICEといいます。

RICEが大切な理由

けがをしたときに、保健室で手当てを受けたり病院でみてもらったりする前に、それ以上悪くしないようにするために救急処置を行う必要があります。きちんとすぐに救急処置を行うことで、症状の悪化を防げますし、早く治るようにすることもできます。でも、救急処置が遅れたり、きちんとできていなかったりすると、はれや痛みがひどくなったり、けがが治るまでに時間がかかったりしてしまいます。そのようなことにならないようにするためにも、RICEが大切なのです。

R　Rest「安静」

けがをした部分がさらに悪くならないようにするために、けがをした部分を動かさないようにすることです。痛みを感じたら運動をやめて安静にして、はれたり内出血したりしないようにします。

I　Icing「冷却」

痛みや出血、はれをおさえるために冷やすことです。痛いところを、ぬらしたタオルや氷のうなどで冷やします。指にくっつくような氷は温度が低すぎるため、そのまま使うと冷やしすぎてしまいます。そのため、少し溶けた状態のものや、氷と一緒に水を少し入れた袋のなかで振ってから使うようにしましょう。

C　Compression「圧迫」

痛むところを包帯などで軽くおさえます。おさえる力が強すぎると、血の流れが悪くなったり、神経を圧迫したりする恐れがありますので気をつけましょう。そのため、青くなったりしびれたりしたら、力をゆるめましょう。

E　Elevation「挙上」

痛むところを心臓より高い位置にあげて、はれや出血をおさえることです。手の場合は三角巾などでつります。足の場合は、横になって足をものの上に乗せます。

中学・高校用資料　chapter_04 救急処置の保健指導

いざというときのために！ RICE

けがをしたらすぐに処置することにより、軽い症状で抑えられ、早く治るようにすることができます。特に運動しているときに手足を打撲したら、してほしいのが RICE です。病院などでみてもらうまでの間に、けがをした部分の傷害を最小限にとどめるために RICE を行うことで、運動へも早く復帰することが可能です。RICE をしなかったり、適切に処置できなかったりした場合、症状が悪化し、完治までに長い時間がかかることがあります。

R：Rest「安静」

安静にして、患部を動かさないようにします。痛みを感じたら無理に運動を続けず、すぐに休みます。

I：Icing「冷却」

炎症を抑えたり痛みをとったりするために、患部を氷のうなどで冷やします。

〈アイシングの方法〉

❶ビニール袋に氷を入れて、アイスパックを作ります。
❷患部にアイスパックをあてて、15〜20分くらい冷やしてください。

※注意点
- 凍傷を起こす恐れがあるので、絶対に20分以上はアイシングしない。
- 保冷剤は凍傷を起こす恐れがあるので、使用しない。
- 冷湿布には患部を冷やす効果はありません（冷湿布は、皮膚から吸収される痛み止めです）。

C：Compression「圧迫」

包帯、テーピングなどで患部を軽くおさえます。おさえる力が強すぎると、血の流れが悪くなったり、神経を圧迫したりする恐れがあるので、青くなったりしびれたりしたら力をゆるめましょう。

E：Elevation「挙上」

患部を心臓より高い位置に挙げます。手の場合は三角巾などでつります。足の場合は、横になって足をものの上に乗せます。

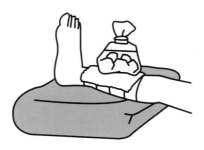

こんなときは病院へ

- ☑ 腫れがひどい（冷やしながら病院へ行きましょう）
- ☑ 痛みが強い、痛みが続く
- ☑ 打った部分やけがした部分を動かせない
- ☑ 皮膚の色が変わってきた
- ☑ 打撲したところから血がたくさん出ている
- ☑ 変形しているのがわかる

> chapter_04
> 救急処置の保健指導

> 小学校用資料

すりきず、きりきず、さしきず

学校やおうちで、すりむいたり指先を切ったり、とげがささったりしたことがある人もいるのではないでしょうか。軽いけがであれば自分で手当てができます。ひどくならないようにするために、救急処置をしましょう。

すりきずの手当て

① きず口が汚れている場合は、きず口を水道水でしっかりと洗い流す。
　砂や泥、細かいゴミなどをていねいに落としましょう。

② 血が出ていたら押さえて止める。
　清潔なガーゼやハンカチで押さえて、血を止めます。

③ きず口を保護する。
　ばんそうこうやほうたいなどできず口をおおいます。

きりきずの手当て

① きず口が汚れている場合は、きず口を水道水でしっかりと洗い流す。
　砂や泥、細かいゴミなどをていねいに落としましょう。

② 血が出ていたら押さえて止める。
　清潔なガーゼやハンカチでしっかり押さえて、血を止めます。

③ きった部分をばんそうこうでくっつける。
　きってはなれた皮ふがくっつくように、ばんそうこうをはります。

さしきずの手当て（とげなど）

① ささったものをとる。
　まわりの皮ふを押して、ささったものを出します。とりにくいときは毛抜きを使います。

② 血が出ているときはそのままにしておく。
　血と一緒にゴミやばい菌も流れ出るので、しばらくそのままにします。

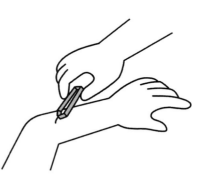

けがが治る理由

けがをしたとき、わたしたちの体にはその傷を治そうとする力がそなわっています。これを「自然治癒力」といいます。でも、いくら自然治癒力があるとしても、きず口が汚れていたり、きず口のなかにものが入ったりしていては、自然治癒力はきちんと働くことができません。自然治癒力を助けるために、自分でできる救急処置をしましょう。

中学・高校用資料　chapter_04 救急処置の保健指導

すり傷、切り傷、刺し傷

すり傷、切り傷、刺し傷などのけがをしたら、まずは自分でできる救急処置から始めましょう。

すり傷の手当て

❶傷口が汚れている場合はしっかりと洗い流す。
　水道水で傷口をしっかりと洗い流します。砂や泥、細かいゴミなどが残らないように、丁寧に落としましょう。
❷出血していたら止血する。
　血が出ている場合は、清潔なガーゼやハンカチで押さえて血を止めます。
❸傷口を保護する。
　ばんそうこうや包帯などで傷口を覆います。

切り傷の手当て

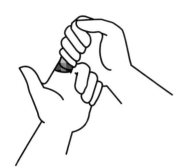

❶傷口が汚れている場合はしっかりと洗い流す。
　水道水で傷口をしっかりと洗い流します。砂や泥、細かいゴミなどが残らないように、丁寧に落としましょう。
❷出血していたら止血する。
　血が出ている場合は、清潔なガーゼやハンカチでしっかり押さえて血を止めます。
❸切った部分をばんそうこうで留める。
　離れた皮膚がくっつくように、ばんそうこうを貼ります。
※傷口が大きかったり汚れがひどかったりする場合は、病院で診察を受けましょう。

刺し傷の手当て

❶刺さったものを抜き取る。
　まわりの皮膚を押して浮かせるととれやすくなりますが、無理な場合は毛抜きを使います。
❷血が出ているときはそのままにしておく。
　血と一緒にゴミやばい菌も流れ出るので、しばらくそのままにします。
※とれない場合は病院へ行く。
　とれない場合は無理にとろうとせず、ガーゼなどで覆っておいて、病院でとってもらいましょう。

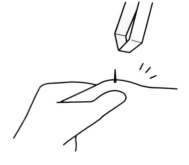

こんなときは病院へ

- ☑ 傷口の奥にもの（ガラス・小石・木のくず）が入ってしまってとれないとき
- ☑ 傷口が大きかったり血が止まらなかったりするとき
- ☑ 顔や頭をけがしたとき

chapter_04
救急処置の保健指導

小学校用資料

まずは冷やすこと！やけどの手当て

やけどは、した直後からはれや赤み、痛みが出て、ひどいとその後、水ぶくれができることもあります。細菌に感染すると、よりひどくなることがあり、甘くみてはいけません。やけどをしたときに大事なのは冷やすこと！ そして、もしも服の上からやけどをした場合は、無理に服を脱がないことです。

やけどをしたら

すぐに流水で冷やす

水ぶくれができている場合は破かないように気をつけながら20分程度冷やします。深いところまでやけどが進むのをふせぎ、症状をやわらげ、流水で冷やすことでやけどの部分を清潔にして、感染もふせぎます。

※アイスパックなどで直接冷やすと凍傷になる可能性があるのでさけましょう。流水で冷やすことが難しい部分をやけどした場合は、流水で冷やしたタオルをあてて、その上から氷のうなどで冷やしてください。

服の上からやけどしたら

服を着たまま、流水で冷やします。服と皮ふがくっついていなかったり、水ぶくれができたりしていない場合は、冷やしてから服を脱ぎます。

口のなかをやけどしたら

氷水でうがいしたり、氷を口に入れたりします。

顔をやけどしたら

弱めの流水やシャワーか、氷を包んだタオルなどで冷やします。

低温やけど

使い捨てカイロや電気毛布など、あまり熱くないものでも長時間触れているとやけどすることがあります。「低温やけど」といって、やけどに気づかず、皮ふの奥までやけどするため、ひどくなりやすいです。使い捨てカイロや電気毛布などを使いながら寝たり、肌に直接触れたりしないようにしましょう。

こんなときは病院へ

- ☑ 水ぶくれができている
- ☑ 皮ふが黒くなったり青白くなったりしている
- ☑ やけどしたところに服がくっついてしまっている
- ☑ 低温やけどをした
- ☑ 痛みを感じない

中学・高校用資料　chapter_04 救急処置の保健指導

やけどをしたら

やけどをすると、赤みや腫れ、痛みが出てきますが、ひどいときには水ぶくれができます。なお、細菌に感染すると症状が悪化します。症状を悪化させないためにも、やけどをしたときに大事なのは、まず冷やすことです。

やけどをしたら

❗ すぐに流水で冷やす

水ぶくれができている場合は、破かないように気をつけながら20分程度冷やします。深いところまでやけどが進むのをふせぎ、症状をやわらげ、流水で冷やすことでやけどの部分を清潔にして、感染もふせぎます。

※アイスパックや氷などで直接冷やすと、冷やしすぎてしまい、凍傷を起こす可能性があるのでさけましょう。流水で冷やすことが難しい部分をやけどした場合は、流水で冷やしたタオルをあてて、その上から氷のうなどで冷やしてください。

注意！

- 服の上からやけどをした場合、無理に服を脱ごうとすると、布と貼りついて皮膚が破けてしまいます。また、水ぶくれを破ってしまう可能性もあります。そのため、服の上から冷やしましょう。
- 病院に行く場合、やけどした部分に薬や消毒液は絶対に塗らないでください。やけどが悪化したり、やけどの部分をきちんと診察できなくなったりしてしまいます。

服の上からやけどしたら

服を着たまま、流水で冷やします。服と皮膚がくっついていなかったり、水ぶくれができたりしていない場合は、冷やしてから服を脱ぎます。

顔をやけどしたら

弱めの流水やシャワーか、氷を包んだタオルなどで冷やします。

口の中をやけどしたら

氷水でうがいしたり、氷を口に入れたりします。

こんなときは病院へ

- ☑ 水ぶくれができている
- ☑ 皮膚が黒くなったり青白くなったりしている
- ☑ やけどしたところに服がくっついてしまっている
- ☑ 低温やけどをした
- ☑ 痛みを感じない

つき指、ねんざをしたときは

つき指とは、指の関節周辺のけがのことです。指先の骨、軟骨、靭帯などの指関節のけがをまとめて「つき指」と呼んでいます。つき指はよくおきるため軽く考えてしまいがちですが、手当てがおくれると、治るまでに時間がかかったり指が変形したりしてしまうことがあります。
ねんざは、運動中などに手首や足首をひねってしまい、骨と骨をつないでいる関節部分が傷つくことでおきます。

つき指の手当てのしかた

①指を冷やす
つき指した指を、氷と水を入れた洗面器で冷やします。

②指を固定する
木片などを使って固定します。

③高い位置で保つ
指を高い位置で保ちます。三角巾などで腕をつる方法もあります。

こんなときは病院へ

- ☑ はれがひどい
- ☑ 変形している
- ☑ 皮ふの色が変わってきた
- ☑ 指を動かせない
- ☑ はれがなかなか引かない

⚠ 注意！
つき指だと思っていても、実は骨折している場合もあります。そのため、はれや痛みがなかなか引かず、「おかしいな」と思ったらすぐに整形外科でみてもらいましょう。

ねんざの手当てのしかた

①ねんざしたところを冷やす。
タオルでくるんだ氷のうで20〜30分間冷やします。

②痛むところを包帯などで軽くおさえる。
つぎの日になっても、はれたり強い痛みを感じたりする場合は、病院へ行きましょう。

③痛むところを心臓より高い位置にあげる。
手の場合は三角巾などでつります。足の場合は、横になって足をものの上に乗せます。

突き指、ねんざ

突き指は、骨、軟骨、靭帯などの指関節の損傷の総称です。すぐに処置したり治療を受けたりすることで早く回復できますが、処置が適切でなかったり、受診するのが遅くなったりすると、完治するまでに時間がかかり、後遺症が残ってしまうこともあります。

ねんざは、運動中などに手首や足首をひねり、靭帯が傷つくことで起きます。ひどい場合は骨折の可能性もあるので、気をつけたいけがです。

突き指の手当てのしかた

①指を冷やす
突き指した指を、水と氷を入れた洗面器の中に入れて冷やします。

②指を固定する
木片などで固定します。

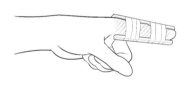

③高い位置で保つ
指を高い位置で保ちます。三角巾などで腕をつるのもよい方法です。

注意！ 突き指だと思っていても、実は骨折している場合もあります。そのため、腫れや痛みがなかなか引かず、「おかしいな」と思ったらすぐに整形外科でみてもらいましょう。

こんなときは病院へ
- ☑ 腫れがひどい
- ☑ 皮膚の色が変わってきた
- ☑ 腫れがなかなか引かない
- ☑ 変形している
- ☑ 指を動かせない

ねんざの手当てのしかた

❶ねんざしたところを冷やす
タオルでくるんだ氷のうで20～30分間冷やします。

❷痛むところを包帯などで軽くおさえる
次の日になっても、腫れたり強い痛みを感じたりする場合は、病院へ行きましょう。

❸痛むところを心臓より高い位置に挙げる
手の場合は三角巾などでつります。足の場合は、横になって足をものの上に乗せます。

chapter_04
救急処置の保健指導

小学校用資料

虫さされに気をつけて

虫にさされると、かゆかったり痛くなったりしますよね。虫にさされたときは、少しでも症状が軽くなるようにするために、つぎのような手当てをしましょう。

虫にささされたときの手当て

1 さされた部分に針や毛が残っていたら、毛抜きやガムテープを使ってとります。

2 きずのまわりを指でつまんで毒を出します。

3 石けんでていねいに洗って、水道水で流します。

4 はれやかゆみがあるときは、氷のうなどで冷やします。

こんなときは病院へ

- ☑ たくさんのハチにさされた
- ☑ ひどいかゆみ・はれ・痛み・赤みがある
- ☑ 針や毛がとれない

! 注意!

かゆくてもかかないようにしましょう。かゆみやはれ、痛みや赤みがひどかったり、気もち悪くなったりしたら病院に行きましょう。

さす(かむ)虫の種類と症状

スズメバチ
さされると強い痛みが出て、赤くはれます。前にもさされたことがあると、じんましんが出たり意識を失ったりして、命にかかわる場合もあります。すぐに病院に行きましょう。

マダニ
かまれてもほとんど痛みを感じません。皮ふをかんでいるマダニを無理にとると、マダニの体の一部が残り、炎症や感染症を引きおこすことがあります。とりにくいときは病院でとってもらいましょう。

チャドクガ(幼虫)
春と秋に、つばきやさざんかなどの葉の裏に発生します。さされた部分以外にも赤い点のようなはれがたくさん出て、かゆくなります。残った毛や死んだ虫に触ってもはれます。

ムカデ
かまれた瞬間に強い痛みを感じます。その後、強い赤みやはれが現れます。かまれたらムカデのあごをすぐに引き離します。毒は指で押し出して、水道水で洗い流しましょう。

ブヨ(ブユ)
さされてしばらくたつと赤くはれて、強いかゆみが出てきます。

ヒアリ
さされると非常に強い痛みが出て、水ぶくれのようなはれができます。毒によってアナフィラキシーショックを引きおこす場合があるので、20〜30分くらい安静にして、体調に変化がないか確認します。症状が悪化する場合には病院でみてもらいましょう。

中学・高校用資料　chapter_04 救急処置の保健指導

虫刺され

虫に刺されたりかまれたりしたときは、それ以上ひどくならないように次のような手当てをしましょう。

虫刺されの手当て

① 針や毛が残っていたら、毛抜きやガムテープを使ってとります。

② 刺された（かまれた）部分のまわりを指でつまんで毒を押し出します。

③ 石けんでていねいに洗って、水道水で流します。

④ 腫れやかゆみがあるときは、ガーゼやタオルの上から氷などで冷やします。

注意！ かゆくてもかかないようにしましょう。かゆみや腫れ、痛みや赤みがひどかったり、気分がすぐれなかったりするときは病院に行きましょう。

こんなときは病院へ

- ☑ たくさんのハチに刺された
- ☑ ひどいかゆみ・腫れ・痛み・赤みがある
- ☑ 針や毛がとれない

虫の種類と症状

スズメバチ
刺されると強い痛みが出て、赤く腫れます。前にも刺されたことがあると、じんましんが出たり意識を失ったりして、命にかかわる場合もあります。すぐに病院に行きましょう。

チャドクガ（幼虫）
春と秋に、つばきやさざんかなどの葉の裏に発生します。刺された部分以外にも赤い点のような腫れがたくさん出て、かゆくなります。残った毛や死んだ虫に触っても腫れます。

マダニ
かまれてもほとんど痛みを感じません。皮膚をかんでいるマダニを無理にとると、マダニの体の一部が残り、炎症や感染症を引き起こすことがあります。とりにくいときは病院でとってもらいましょう。

ブヨ（ブユ）
刺されてしばらくたつと赤く腫れて、強いかゆみが出てきます。

ムカデ
かまれた瞬間に強い痛みを感じます。その後、強い赤みや腫れが現れます。かまれたらムカデのあごをすぐに引き離します。毒は指で押し出し、水道水で洗い流しましょう。

ヒアリ
刺されると非常に強い痛みが出て、水ぶくれのような腫れができます。毒によってアナフィラキシーショックを引き起こす場合があるので、20～30分くらい安静にして、体調に変化がないか確認します。症状が悪化する場合には病院でみてもらいましょう。

chapter_05
目・耳・鼻・口の保健指導

- ☑ ものもらいって何だろう？
- ☑ 気をつけよう　ものもらい（麦粒腫・霰粒腫）
- ☑ ドライアイって知っている？
- ☑ ドライアイをふせごう
- ☑ 近視・遠視・乱視のちがい
- ☑ 近視・遠視・乱視の違いから理解しよう
- ☑ 中耳炎に気をつけよう
- ☑ 中耳炎に気をつけよう
- ☑ 耳のなかはきれいかな？
- ☑ 耳そうじのしすぎで外耳道炎に⁉
- ☑ 鼻出血（鼻血）
- ☑ 鼻出血（鼻血）にご用心！
- ☑ アレルギー性鼻炎
- ☑ アレルギー性鼻炎
- ☑ お口の健康を大切にしよう
- ☑ 歯周疾患を撃退しよう！
- ☑ そしゃくとだ液
- ☑ 咀嚼とだ液

chapter_05
目・耳・鼻・口の
保健指導

小学校用資料

ものもらいって何だろう?

ものもらい（麦粒腫、霰粒腫）とは、まぶたにある脂や汗を出す腺に細菌が感染しておこる急性の炎症です。また、まつげが生えているところにある「マイボーム腺」に脂肪がつまることで白いできものができたり、はれたりするのを霰粒腫といいます。うみができてくると痛くなります。

どうしてものもらいになるの?

ものもらいの原因は雑菌で、多くは黄色ブドウ球菌です。黄色ブドウ球菌はのどや鼻、皮ふ、手の指、腸などにもいます。感染力は弱いですが、体の抵抗力が下がっているときにものもらいができることがあります。

ものもらいの症状

〈麦粒腫〉

目がゴロゴロします。まぶたの一部が赤くはれて、まばたきをしたり指で押したりすると痛みます。ひどくなると、まぶた全体がはれ、目やにが出ます。目がかゆくなったり赤くなったりなどの症状も現れます。また、数日でうみができ、うみが出ると治ることが多いです。

〈霰粒腫〉

まぶたのなかでコロコロとした感じがします。このコロコロした感じが大きくなり、まぶたが重く感じます。

ものもらいができたときは

☑ 早く寝て、しっかり睡眠をとる
☑ からいものや甘いものを食べない
☑ コンタクトレンズを使っている人は、使わない

ものもらいにならないようにするために

☑ 目に触ったりこすったりしない
☑ 手は石けんでていねいに洗う
☑ まぶたのまわりを清潔にしておく
☑ 前髪が目にかからないようにする

before → after

❗ 汚れた手で目に触ったりこすったりすると、雑菌が目に入ってものもらいになることがあります。手は石けんでていねいに洗い、目には触らないようにしましょう。ハンカチやタオルも毎日替えて、清潔なものを使うようにしましょう。

気をつけよう　ものもらい（麦粒腫・霰粒腫）

「ものもらい」は、正しくは「麦粒腫」「霰粒腫」といいます。麦粒腫はまぶたにある、脂や汗を出す腺に細菌が感染して起こる急性の炎症です。また、まつげが生えているところにある「マイボーム腺」に脂肪がつまることで白いできものができたり、腫れたりするのを霰粒種といいます。うみができてくると痛くなります。

ものもらいの原因

ものもらいの原因は雑菌で、多くは黄色ブドウ球菌です。黄色ブドウ球菌はのどや鼻、皮膚、手の指、髪の毛、腸などにもいます。感染力は弱いですが、体の抵抗力が下がっているときに目を触ったりこすったりすると、ものもらいができることがあります。

ものもらいの症状

〈麦粒腫〉

目がゴロゴロします。まぶたの一部が赤く腫れて、まばたきをしたり指で押したりすると痛みます。ひどくなると、まぶた全体が腫れ、目やにが出ます。目がかゆくなったり赤くなったりなどの症状も現れます。また、数日でうみができ、うみが出ると治ることが多いです。

〈霰粒腫〉

まぶたの中でコロコロとした感じがします。このコロコロした感じが大きくなり、まぶたが重く感じます。

ものもらいができたときは

- ☑ 早く寝て、しっかり睡眠をとる
- ☑ からいものや甘いものを食べない
- ☑ コンタクトレンズを使っている人は、使わない

ものもらいにならないようにするために

- ●目に触ったりこすったりしない
- ●手は石けんで丁寧に洗う
- ●まぶたのまわりを清潔にしておく
- ●前髪が目にかからないようにする

※汚れた手で目に触ったりこすったりすると、雑菌が目に入ってものもらいになることがあります。手は石けんで丁寧に洗い、目には触らないようにしましょう。ハンカチやタオルも毎日替えて、清潔なものを使うようにしましょう。

chapter_05
目・耳・鼻・口の保健指導

小学校用資料

ドライアイって知っている?

ドライアイとは、涙の量が足りなくなったり涙が目のさまざまな部分に行きわたらなくなったりする病気です。涙は目の表面をおおっていますが、パソコンやスマートフォンに集中してしまうことでまばたきの回数が減ったり、コンタクトレンズやエアコンを使用することで涙が蒸発しやすくなったりして、目が乾き、目の表面の細胞が傷つきやすくなることです。

涙の役割

涙は目の表面をおおって目を守る働きをしています。ドライアイの原因はさまざまで、パソコンやスマートフォン、コンタクトレンズ、エアコンなどを使用することで涙が乾きやすくなりますが、涙が乾くことによって目の表面の細胞が傷つきます。私たちは無意識のうちにまばたきをしていますが、涙の分泌を進める刺激になり、目の表面に行きわたらせる働きをしています。

- 目の乾燥をふせぐ
- 目の表面を洗い流す
- 目の表面のばい菌をやっつける
- 目に栄養を届ける
- 目の表面をなめらかにする

ドライアイのおもな症状

目が乾いた感じがする
まばたきの回数が減って、涙の量が減っている可能性があります。目は乾燥すると表面に傷がつきやすくなります。

目が疲れる
目が乾くと、ピントを合わせるための目の筋肉に負担がかかり、目が疲れやすくなります。

目がゴロゴロする
涙の量が減ることで、ゴロゴロする感じがします。

ものがぼやけて見える
涙の量が不安定になり、粘膜に不具合がおきるため、ものがぼやけて見えます。

ドライアイをふせぐには

- ☑ パソコンを使うときは、画面を目線よりも下にする。
- ☑ パソコンやスマートフォン、ゲームなどを使用するときは休憩をとり、積極的にまばたきをする。
- ☑ コンタクトレンズは、使う時間を守る。
- ☑ エアコンの風が目に直接あたらないようにする。

中学・高校用資料　chapter_05　目・耳・鼻・口の保健指導

ドライアイをふせごう

　涙の量が減ったり、涙の質が下がったりすることにより、目の表面を守る働きが低下した状態がドライアイです。ひどくなると、目の表面に傷ができることもあります。パソコンやスマートフォン、タブレット等の使用、エアコンの使用、コンタクトレンズの装用、夜更かしなどがドライアイの原因になるので、ドライアイは現代病といっても過言ではありません。

このような症状がある人は要注意！～ドライアイかもしれません～

ドライアイの症状は、「目が乾く」といったもの以外にも、さまざまなものがあります。

- ☑ 目が疲れる
- ☑ 目がゴロゴロする
- ☑ 目が重い
- ☑ 目が痛い
- ☑ 目やにが出る
- ☑ 目が乾いた感じがする
- ☑ ものがかすんで見える
- ☑ 光がまぶしい
- ☑ 目に不快感がある
- ☑ 目が赤い

どうしてドライアイになりやすいの？

●パソコンやスマートフォンを使っている人の場合

　パソコンやスマートフォンに夢中になっていると、まばたきの回数が減ります。すると、目の表面を覆う涙の量が減り、ドライアイになります。

●コンタクトレンズをしている人の場合

　コンタクトレンズは、涙によって目の表面に浮かんでいます。そのため、涙がコンタクトレンズに吸収されたり、涙が蒸発しやすくなったりするので、ドライアイになりやすいのです。

●夜更かしをしている人の場合

　夜は必ず睡眠をとるように、目も昼間とは違って、涙の量が減り休む状態になります。そのため、目は乾燥しやすくなり、蛍光灯や照明などの下で目を使うため、目はより疲れやすくなってドライアイが進むのです。

ドライアイをふせぐには

　生活の仕方によっては涙の蒸発を誘発するので、目が乾きやすくなります。パソコンやスマートフォン、ゲーム、コンタクトレンズ、エアコンの使用環境を変えることで、ドライアイを予防したり症状を改善したりすることが可能です。

- ●パソコンを使うときは、画面を目線よりも下にする。
- ●パソコンやスマートフォン、ゲームなどを使用するときは休憩をとり、積極的にまばたきをする。
- ●コンタクトレンズは、装用時間を守る。
- ●エアコンの風が目に直接あたらないようにする。

chapter_05
目・耳・鼻・口の保健指導

小学校用資料

近視・遠視・乱視のちがい

授業中に黒板や教科書の文字がきちんと見えていますか？　見えていない場合は、近視や遠視、乱視の可能性があります。では、近視や遠視、乱視とはどのようなものでしょうか？

正視

遠くを見たときに、網膜にピントがきちんと合う状態をいいます。遠くのものも近くのものもよく見えます。

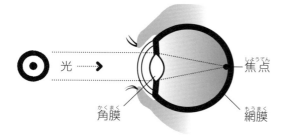

視力検査の結果のみかた

A 視力1.0以上
勉強や運動をするのに十分な視力です。

B 視力0.9〜0.7
日常生活には支障はありませんが、近視・遠視・乱視などのうたがいがあります。

C 視力0.6〜0.3
眼科で詳しく検査する必要があります。

D 視力0.3未満
メガネが必要です。眼科で検査を受け、先生の指示にしたがいましょう。

近視・遠視・乱視って？

●近視
網膜の前でピントが合ってしまう状態をいいます。近くのものは見えますが、遠くのものはぼやけて見えます。

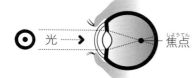

●遠視
網膜の後ろにピントがくる状態をいいます。遠くのものも近くのものもぼやけて見えます。

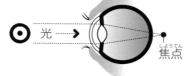

●乱視
角膜の縦横のカーブが異なり、焦点を結べない状態をいいます。遠くのものも近くのものもぼやけて見えます。

焦点を結べない

屈折異常はどのように矯正する？

網膜にピントを結ぶようにするのが屈折異常の矯正です。矯正には、おもにメガネとコンタクトレンズが用いられます。遠視の場合は、網膜の後ろにあるピントを網膜面にもってくるために凸レンズ、近視の場合は網膜の前にあるピントを凹レンズで矯正します。乱視の場合は、縦と横で屈折力の違う乱視用のレンズ（円柱レンズ）を用います。もしも、黒板の文字や教科書が見えにくい場合は、眼科でみてもらいましょう。

近視・遠視・乱視の違いから理解しよう

授業中に黒板や教科書の文字がきちんと見えていますか？　見えていない場合は、近視や遠視、乱視の可能性があります。では、近視・遠視・乱視とはどのようなものでしょうか？

正視

遠くを見たときに、網膜にピントがきちんと合う状態をいいます。遠くのものも近くのものもよく見えます。

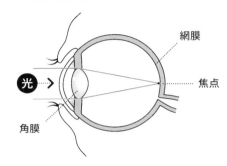

屈折異常

ピントがうまく合わず、ものがぼやけて見えてしまう状態を屈折異常といい、近視、遠視、乱視などがあります。

近視

網膜の前でピントが合ってしまう状態をいいます。近くのものは見えますが、遠くのものはぼやけて見えます。

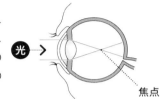

遠視

網膜の後ろにピントがくる状態をいいます。遠くのものも近くのものもぼやけて見えます。

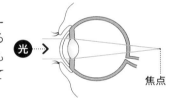

乱視

角膜の縦と横のカーブが異なり、焦点を結べない状態をいいます。遠くのものも近くのものもぼやけて見えます。

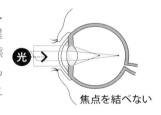

屈折異常にならないために

- 本やノートに目を近づけて読んだり書いたりしない。
- 寝転がってスマートフォンやタブレットを使用しない。
- テレビゲームや携帯型ゲームを長時間しない（こまめに休憩をとって目を休ませる）。
- 暗いところでテレビを見たり本を読んだりしない。
- 黒板の文字を見るときに目を細めない。

屈折異常はどのように矯正する？

屈折異常は、網膜にピントを結ぶようにして矯正します。矯正には、おもにメガネとコンタクトレンズが用いられます。遠視の場合は、網膜の後ろにあるピントを網膜面にもってくるために凸レンズ、近視の場合は網膜の前にあるピントを凹レンズで矯正します。近視の治療には点眼薬を使う方法もあります。乱視の場合は、縦と横で屈折力の違う乱視用のレンズ（円柱レンズ）を用います。もしも、黒板の文字や教科書が見えにくい場合は、眼科でみてもらいましょう。

中耳炎に気をつけよう

耳の構造は、大きく「外耳」「中耳」「内耳」に分かれます。この「中耳」の部分に細菌やウイルスなどが感染して炎症がおきたり、液体がたまったりする病気が中耳炎です。耳の痛みや発熱、難聴などがおこります。とくに赤ちゃんや子どもにおこりやすいです。

中耳炎の種類

中耳炎には、おもに3つの種類があります。

急性中耳炎

細菌やウイルスが中耳に入り、急性の炎症をおこしている状態です。子どもにおこりやすく、耳が痛くなったり熱が出たり、鼓膜のはれや耳漏などの症状がおこります。数日～10日程度で治りますが、長引いたり何度も急性中耳炎をくり返す「反復性中耳炎」になったりすることもあります。

滲出性中耳炎

中耳の鼓室という部分に滲出液といわれる液体がたまってしまう病気です。難聴がおこりやすく、治るまでに数年かかることもあります。

慢性中耳炎

急性中耳炎や滲出性中耳炎が治らずに慢性化した状態です。耳漏や難聴などの症状がおこります。ひどくなると、鼓膜に穴があいたり、鼓膜が中耳の壁にくっついてしまったりすることもあります。

内耳：三半規管／蝸牛
外耳：外耳道／耳介
中耳：鼓膜／耳小骨／鼓室／耳管
炎症

> ❗ 滲出性中耳炎や慢性中耳炎をそのままにしておくと、炎症が内耳（耳の一番内側の部分）にまで広がって、聞こえにくくなったり、重症化したりすることもあります。ひどくさせないためにも、中耳炎についてよく知り、しっかり治療をすることが大切です。

中耳炎にならないようにするために

鼻やのどの病気に注意しましょう

鼻やのどの病気が原因となって中耳炎がおこることがあります。鼻みずや鼻づまりがつづくときは、早めに耳鼻咽喉科でみてもらいましょう。アレルギー性鼻炎がある人は、耳鼻咽喉科で定期的に耳の状態を確認してもらいましょう。

鼻のかみ方に注意しましょう

鼻を勢いよくかむと、細菌が耳管を通って中耳に感染しやすくなります。鼻をかむときは、片方ずつゆっくりと時間をかけましょう。

中耳炎に気をつけよう

耳の構造は、大きく「外耳」「中耳」「内耳」に分かれます。この「中耳」の部分に細菌やウイルスなどが感染して炎症が起きたり、液体がたまったりする病気が中耳炎です。耳の痛みや発熱、難聴などが起こります。特に赤ちゃんや子どもに起こりやすいです。

中耳炎の種類

中耳炎には、おもに3つの種類があります。

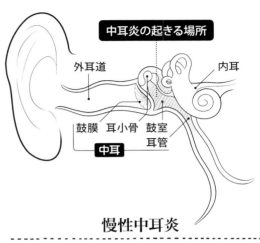

中耳炎の起きる場所：外耳道、鼓膜、耳小骨、鼓室、耳管、中耳、内耳

急性中耳炎

細菌やウイルスが中耳に入り、急性の炎症を起こしている状態です。子どもに起こりやすく、耳が痛くなったり熱が出たり、鼓膜の腫れや耳漏などの症状が起こります。数日～10日程度で治りますが、長引いたり何度も急性中耳炎を繰り返す「反復性中耳炎」になったりすることもあります。

滲出性中耳炎

中耳の鼓室という部分に滲出液といわれる液体がたまってしまう病気です。難聴が起こりやすく、治るまでに数年かかることもあります。

慢性中耳炎

急性中耳炎や滲出性中耳炎が治らずに慢性化した状態です。耳漏や難聴などの症状が起こります。ひどくなると、鼓膜に穴があいたり、鼓膜が中耳の壁にくっついてしまったりすることもあります。

中耳炎にならないようにするために

鼻やのどの病気に注意しましょう

鼻やのどの病気が原因となって中耳炎が起こることがあります。鼻水や鼻づまりが続くときは、早めに耳鼻咽喉科でみてもらいましょう。アレルギー性鼻炎がある人は、耳鼻咽喉科で定期的に耳の状態を確認してもらいましょう。

鼻のかみ方に注意しましょう

鼻を勢いよくかむと、細菌が耳管を通って中耳に感染しやすくなります。鼻をかむときは、片方ずつゆっくりと時間をかけましょう。

中耳炎になった場合の治療法

抗菌薬（抗生物質など）による治療

抗菌薬は、細菌の増加を抑える力があります。状態などに合わせて、飲み薬、点耳薬、静脈内注射（点滴）などを使い分けます。

解熱鎮痛薬による治療

熱や痛みを引き起こす物質の働きを抑制して、症状を軽くします。熱があったり耳の痛みが強かったりするときに使うことがあります。

chapter_05 目・耳・鼻・口の保健指導　　小学校用資料

耳のなかはきれいかな？

耳そうじが不十分だと、耳のなかがつまることがあります。耳あかがつまると、耳がふさがったような感じがしたり、耳鳴りがしたり、音の聞こえが悪くなったりします。2～3週間に1度は耳そうじをして、きれいにしたいですね。でも耳あかがつまってしまった場合、無理にかき出そうとすると、耳のなかを傷つけてしまうことがあります。耳そうじのしかたによっては外耳道炎になってしまうこともあります。

Q 耳あかってどうしてできるの？

A 耳あかは、外耳道というところから出るものとゴミなどが混ざってできています。これが外耳道をふさぐほどたくさんになると、耳垢栓塞といいます。耳垢を分泌する耳垢腺はアポクリン腺で軟骨部外耳道にあり、清浄作用や殺菌作用をもつといわれています。耳あかを無理にとろうとすると、耳のなかを傷つけてしまいます。耳あかがつまってしまった場合は、耳鼻科でとってもらいましょう。

Q 外耳道ってどこ？

A 外耳道は、耳の入り口から鼓膜までのことです。外耳道には耳垢腺があり、ここで耳あかが作られます。耳あかが作られるのは、耳の入り口から3分の1くらいのところだけで、そこより奥では作られません。また、耳あかは、奥から外に向かって送られてきます。

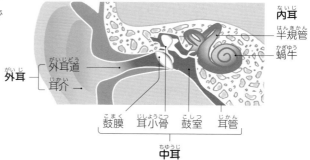

Q 外耳道炎ってなに？

A 外耳道炎とは、耳の穴の皮ふに細菌やかびが感染しておこる病気で、原因の多くが耳そうじのしすぎです。耳の穴の皮ふはとても薄いので、少しの刺激で傷がついてしまいます。そのため、耳そうじをするときは綿棒のようなやわらかいもので、軽い力でするようにしましょう。

Q 外耳道炎にかかると、どんな症状が出るの？

A 耳だれが出たり、耳がかゆくなったり痛くなったりします。ひどくなると、骨が変形したり顔面がはれることもあります。

中学・高校用資料　chapter_05 目・耳・鼻・口の保健指導

耳そうじのしすぎで外耳道炎に!?

　耳そうじが不十分だと、耳の中がつまることがあります。また、プールやお風呂に入ると、耳に水が入り、耳あかがふやけてつまる場合もあります。耳あかがふやけてつまると、耳がふさがったような感じがしたり、耳鳴りがしたり、音の聞こえが悪くなったりします。2～3週間に1度は耳そうじをして、きれいにしておきましょう。でも、耳あかがつまってしまった場合は、無理にとろうとしてはいけません。無理にかき出そうとすると、耳の中を傷つけてしまうことがあるからです。また、耳そうじのしかたによっては外耳道炎になってしまうこともあります。

外耳道炎とは

　外耳道炎とは、外耳道の皮膚に細菌やかびが感染して起こる病気で、原因の多くが耳そうじのしすぎです。耳かきや綿棒でできたすり傷などから細菌が入り、感染を起こします。耳の中の皮膚はとても薄いので、少しの刺激で傷がつきやすいのです。

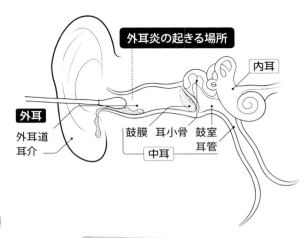

外耳道炎の症状

　耳だれが出たり、耳がかゆくなったり痛くなったりします。症状がひどくなると、骨が変形したり、顔面が腫れることもあります。

耳そうじの注意点

・お風呂上がりなどで耳あかが湿っているときはとりやすいです。
・軽い力で、耳の奥から手前に拭き取るようにします。

> 耳そうじによって、奥に耳あかを押し込んでしまうことがあるので気をつけましょう。

ジャマなだけじゃない！耳あかの役割

☑ 耳の中のゴミや外耳道の異物などが耳の奥に行かないように、耳あかとして外に押し出されます。

☑ 外耳道の保湿をして、外耳道の皮膚を守ります。

☑ 免疫機能がある成分によって、細菌などの感染から耳を守ります。

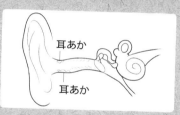

chapter_05
目・耳・鼻・口の保健指導

小学校用資料

鼻出血（鼻血）

急に鼻血（医学的には鼻出血といいます）が出て、困ったことはありませんか？鼻血は、幼児期から小学校低学年にかけてよくみられます。何回もくりかえしたり、出血量が多かったりすると、あわててしまい不安になりますよね。でも、ほとんどの鼻血は重い病気ではないので、まずは落ちつくことが大切です。

Q 鼻出血の原因は？

A 鼻炎や副鼻腔炎による炎症や、外傷など。

アレルギーや鼻の入り口にボツボツ（湿疹）のある人、赤くはれている人は、鼻がかゆくていじるために、鼻血が出やすくなります。鼻炎や副鼻腔炎で粘膜（鼻のなかのやわらかい皮ふの部分）がはれていたり、なにかにぶつかった場合も、鼻血が出ます。ボールなどが顔にぶつかって血が止まらないときは、すぐに耳鼻咽喉科を受診しましょう。

Q 血はどこから出るの？

A 主に、左右の鼻をわけているしきりの粘膜から出ます。

鼻の入り口から約1cm入ったところは、血管が網の目状になり表面に浮き出ているので、くり返し出血しやすい場所です。この場所は、キーゼルバッハ部位という名前がつけられています。ここは血管が透けて見えるほど粘膜が薄いため、ごくわずかな傷でもすぐに出血します。鼻血の80％以上がキーゼルバッハ部位からおこります。

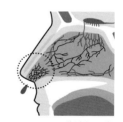

Q 鼻出血の止めかたは？

A 出血している場所をおさえて止めます。

❶鼻血は、キーゼルバッハ部位からの出血が多いので、鼻の穴から約1cm入ったところに小指の太さに固めた脱脂綿や筒状にまいたティッシュをあわてずにゆっくり入れます。
❷小鼻を外側から指で少し強めに押さえて、約10分間待ちます。血が多少にじんできても、脱脂綿やティッシュを途中で交換しないこと。脱脂綿などがないときは、小鼻全体を親指と人差し指で強くつまんでください。
❸出血している場所を心臓より高くすると止まりやすいので、座った姿勢のままで、のどに入った血は飲みこまないで、外に出すようにします。

! ココに注意！

顔を上向きにすると、血がのどに流れてせきこんだり、飲みこんで気もちが悪くなり吐いたりしてしまうこともあるので、顔はやや下向きにしましょう。横になった場合も、あお向けにはならないようにしましょう。

鼻出血（鼻血）にご用心！

急に鼻血（医学的には鼻出血といいます）が出て、困った経験はありませんか？ 子どもでも大人でも鼻出血が起きますが、何度か繰り返したり、出血量が多かったりすると、慌ててしまい不安になりがちです。でも、ほとんどの鼻出血は、たちの悪い病気ではありません。まず落ちつき、適切に対処しましょう。

 血はどこから出る？

 主に、左右の鼻をわけているしきり（鼻中隔）の粘膜から出ます。

 キーゼルバッハ部位

鼻の入り口から約1cm入ったところは、血管が網の目状になり表面に浮き出ているので、繰り返し出血しやすい場所です。この場所はキーゼルバッハ部位という名前がつけられています。ここは血管が透けて見えるほど粘膜が薄いため、ごくわずかな傷でもすぐに出血します。鼻出血の80％以上がキーゼルバッハ部位から起こります。

 鼻出血の原因は？

 鼻炎や副鼻腔炎による炎症や、外傷など。

アレルギー性鼻炎や鼻の入り口に湿疹や炎症（鼻前庭炎）がある人は、鼻がかゆくていじるために鼻出血を起こしやすくなります。鼻炎や副鼻腔炎による粘膜の炎症や、鼻中隔彎曲症、外傷なども鼻出血の原因になります。激しい鼻出血を繰り返すときは、まれですが、鼻の腫瘍が原因のこともあります。

 鼻出血の止めかたは？

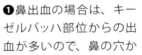

❶鼻出血の場合は、キーゼルバッハ部位からの出血が多いので、鼻の穴から約1cm入ったところに小指の太さに固めた脱脂綿や筒状にまいたティッシュをあわてずにゆっくり入れます。

❷小鼻を外側から指で少し強めに押さえて約10分間待ちます。血が多少にじんできても、脱脂綿やティッシュを途中で交換しないこと。脱脂綿などがないときは、小鼻全体を親指と人差し指で強くつまんでください。出血している場所を心臓より高くすると止まりやすいので、座った姿勢のままで、のどに入った血は飲みこまないで、外に出すようにします。

❸顔を上向きにすると、血がのどに流れてせきこんだり、飲みこんで気持ちが悪くなり吐いたりしてしまうこともあるので、顔はやや下向きにしましょう。横になった場合も、あお向けにはならないようにしましょう。

 出血している場所をおさえて止めます。

このような処置をしても血が止まらない場合は、鼻の奥からの出血かもしれません。できるだけ早く耳鼻咽喉科を受診してください。

chapter_05
目・耳・鼻・口の保健指導

小学校用資料

アレルギー性鼻炎

かぜでもないのに、突然くしゃみや鼻みずがとまらない。鼻がつまる……。それは、アレルギー性鼻炎かもしれません。アレルギー性鼻炎は、アレルギー反応によって鼻の粘膜がはれておこります。少しでも苦しくならないように、毎日の生活を見直し、ケアを行いましょう。

アレルギー性鼻炎の特徴

くしゃみ、さらさらした水のような鼻みず、鼻づまりが何度もおこるのが特徴です。この鼻炎には、症状が1年中出る「通年性アレルギー性鼻炎」と、一定の季節に症状が現れる「季節性アレルギー性鼻炎」があります。2つが同時におこることもあります。

通年性アレルギー性鼻炎
冬に比較的強い症状が出ます。暖房で窓を閉め切っているため室内でハウスダストが飛び回り、さらに空気が乾燥することから症状が悪化します。ぜんそくやアトピー性皮ふ炎がおこることもあります。

季節性アレルギー性鼻炎
いわゆる「花粉症」です。病気が現れる時期は、原因となる植物の花が開く時期と同じです。目のかゆみ・充血(アレルギー性結膜炎)、のどの違和感、皮ふのかゆみやボツボツ、せき、頭が重たい感じなどの症状が出ることもあります。

どうしてアレルギー性鼻炎になるの?

病気の原因となる抗原(病気のもと)が、息を吸ったときに体内に入ってきます。何度も抗原を吸い込むと、悪いものを外へ押し出そうとする体の働きによってアレルギー反応がおき、いやな症状が現れるのです。

主な抗原(アレルギー性鼻炎のもと)
- ハウスダスト(ペットの毛やダニ、ほこりなど)
- 花粉(スギ、ヒノキ、ブタクサ、ヨモギなど)
- その他(かび、そば粉、きのこの胞子など)

予防と治療

アレルギー性鼻炎になるかどうかは、もともとその人がもっている体質が大きく関わっているので、完全に予防することは困難です。しかし生活環境から原因となる抗原を取り除き、なるべく近よらないことで症状を軽くできます。治すには、薬を飲みます。薬を飲むほかに、日常生活のなかで注意を払うと、アレルギー性鼻炎にならないようにできたり、もしなっても、あまり悪くならないようにしたりすることができます。たとえば、こんなことに気をつけましょう。

たばこを吸っている人のそばに行かない
たばこの煙は鼻の粘膜を刺激し、症状を悪化させる原因になるので注意が必要です。

ペットを室内で飼わない
犬や猫などの体にすみついたダニはアレルギーの原因になります。

体に抵抗力をつける
ぐっすり眠り、疲れを取りましょう。イライラやストレスをためないことも大切です。

バランスのとれた食生活を心がける
ビタミンやミネラルが豊富な野菜をたっぷり食べ、バランスのよい食事をとる習慣をつけましょう。

アレルギー性鼻炎

　かぜでもないのに、突然くしゃみや鼻水がとまらない。鼻がつまる……。そんな症状が起こったら、アレルギー性鼻炎かもしれません。アレルギー性鼻炎は、アレルギー反応によって起こる鼻の粘膜の炎症です。アレルギー性鼻炎にかかる人の数は増加しており、日本人の5人に1人は、この鼻炎に悩まされているといわれています。

アレルギー性鼻炎の特徴

　発作的に起こるくしゃみ、さらさらした水のような鼻水、鼻づまりが繰り返し起こるのが特徴です。この鼻炎には、症状が1年中出る「通年性アレルギー性鼻炎」と、一定の季節に症状が現れる「季節性アレルギー性鼻炎」があります。また、2つが同時に起こることもあります。

通年性アレルギー性鼻炎

冬に比較的強い症状が出ます。暖房で窓を閉め切っているため室内でハウスダストが飛び回り、さらに空気が乾燥することから症状が悪化します。合併症として、ぜんそくやアトピー性皮膚炎が起こることもあります。

季節性アレルギー性鼻炎

いわゆる「花粉症」と呼ばれるもので、その発症時期は、原因となる植物の開花時期と一致しています。鼻の症状のほか、目のかゆみ・充血（アレルギー性結膜炎）、のどの違和感、皮膚のかゆみ・湿疹、咳、頭が重たい感じなどの症状が出ることがあります。

アレルギー性鼻炎を起こす抗原

　アレルギー性鼻炎の原因となる抗原のほとんどは、呼吸によって体内に入ってきます。繰り返し抗原を吸い込むと、IgE抗体によってアレルギー反応が起き、不快な症状が現れるのです。主な抗原は、次の通りです。

- ●ハウスダスト　●花粉　●その他（かび、そば粉、きのこの胞子など）

※IgE抗体…体内に入ってくる異物を排除する免疫のしくみに関係する抗体。原因となる抗原との接触を繰り返すうちに、この抗体が体内に蓄積され、一定量を超えるとアレルギー症状が起こります。

予防と治療

　アレルギー性鼻炎になるかどうかは、遺伝的な体質の影響もあり、完全に予防することは困難です。しかし、生活環境から原因となる抗原を取り除き、接触を避けることで症状を軽くできます。

　最も一般的に行われている治療法は、薬によるものです。抗アレルギー薬を基本に、必要に応じて症状を和らげる薬を併用します。

　薬を飲むほかに、日常生活の中で注意を払うと、アレルギー性鼻炎にならないようにできたり、もしなっても、あまり悪くならないようにしたりすることができます。たとえば、次のことに気をつけましょう。

- **たばこを吸っている人のそばに行かない**
  たばこの煙は鼻の粘膜を刺激し、症状を悪化させる原因になるので注意が必要です。
- **ペットを室内で飼わない**
  犬や猫などの体にすみついたダニはアレルギーの原因になります。
- **体に抵抗力をつける**
  ぐっすり眠り、疲れを取りましょう。イライラやストレスをためないことも大切です。
- **バランスのとれた食生活を心がける**
  ビタミンやミネラルが豊富な野菜をたっぷり食べ、バランスのよい食事を摂る習慣をつけましょう。

chapter_05 目・耳・鼻・口の保健指導　　小学校用資料

お口の健康を大切にしよう

お口のなかは健康ですか？ まずは、自分の口のなかを調べてみましょう。以下に心当たりのある人は、歯周疾患（歯周病）か、歯周病になる一歩手前なのかも!? 歯医者さんに相談し、予防と治療をしましょう。

- ☐ 朝おきたとき、口のなかがネバネバする。
- ☐ 口臭が気になる。
- ☐ 歯肉が赤くはれている。
- ☐ 歯が長くなったような気がする。
- ☐ ブラッシング時に出血する。
- ☐ 歯肉がむずがゆい、痛い。
- ☐ かたいものが噛みにくい。
- ☐ 歯と歯の間に隙間ができて、食べものがはさまって困っている。

歯周疾患とは

歯周疾患とは歯周組織（歯肉、歯槽骨、歯根膜およびセメント質など）におこる病気をまとめていう言葉です。歯周病ともよばれ、歯肉炎と歯周炎の2つに分けられます。

歯肉炎

歯肉におきる慢性の炎症です。歯肉が赤くなったり、はれたり、血が出たりします。原因は、プラーク（歯垢）と歯石です。口のなかを清潔にしていないと、歯や歯肉の表面にプラークがたまってしまいます。すると、そのなかに潜む細菌やその細菌が生み出す毒によって、赤くはれたり、血が出たりします。

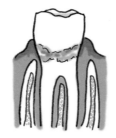

歯周炎

歯肉炎を放置していると、歯と歯肉のさかい目の溝が細菌に感染して、歯周炎をおこします。歯周炎は、やがて歯周組織（歯根膜、歯槽骨など）にも拡大して、それらの組織を破壊してしまいます。

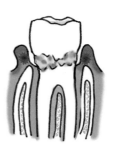

プラーク・コントロールを

口のなかには、300～500種類もの細菌がすんでいるといわれています。これらはふだん、あまり悪いことをしませんが、ブラッシングが充分でなかったり、砂糖をとりすぎたりすると、細菌がネバネバした物質を作り出し、歯の表面にくっつきます。これをプラーク（歯垢）といいます。プラークは歯にくっつく力がとても強いため、うがいをした程度では落ちません。ひどい状態になると、歯を支えている骨も溶かされてしまい、歯を失ってしまう恐れもあります。プラークは放っておくと、「歯石」に変化して、さらに歯の表面に強くくっつきます。そうなると、ブラッシングだけでは取り除くことができません。歯科を受診して取り除いてもらいましょう。

プラークをためない、増やさないために…

- ●正しい方法で、毎日歯みがきをする。歯の表面をプラークのない清潔な状態にしておく。
- ●歯石を完全に取り除く。
- ●傷んだ歯肉や骨を治して、健康に近い歯肉にする。
- ●歯医者さんで専門的なクリーニングを定期的に受ける。

中学・高校用資料　chapter_05 目・耳・鼻・口の保健指導

歯周疾患を撃退しよう！

あなたの口の中は健康ですか？　まずは、セルフチェックしてみてください。以下に心当たりのある人は、歯周疾患（歯周病）か、歯周病予備軍かもしれません。歯医者さんに相談し、予防と治療に努めましょう。

- ☐ 朝起きたとき、口の中がネバネバする。
- ☐ 口臭が気になる。
- ☐ 歯肉が赤く腫れている。
- ☐ 歯が長くなったような気がする。
- ☐ ブラッシング時に出血する。
- ☐ 歯肉がむずがゆい、痛い。
- ☐ かたい物が噛みにくい。
- ☐ 歯と歯の間に隙間ができて、食物が挟まって困っている。

歯周疾患とは

歯周疾患とは、歯肉、歯槽骨、歯根膜およびセメント質などの歯周組織に起こる病気の総称です。歯周病ともよばれ、歯肉炎と歯周炎の2つに分けられます。

歯肉炎

「単純性歯肉炎」と呼ばれる病気で、歯肉に起きる慢性の炎症です。歯肉が赤くなったり、腫れたり、出血したりします。原因は、歯垢と歯石です。口の中の衛生が不十分だと、歯や歯肉の表面に歯垢が堆積してしまいます。すると、その中に潜む細菌やその細菌が生み出す毒素によって、炎症が起こってしまいます。

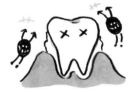

歯周炎

「辺縁性歯周炎」と呼ばれるもので、歯肉炎を放置していると、歯と歯肉の境界部の溝（歯肉溝）に歯周病原細菌が感染して、歯周炎を起こします。歯周炎はやがて歯根膜、歯槽骨などの深部の歯周組織にも拡大して、それらの組織を破壊してしまいます。

プラーク・コントロールを

口の中には、300〜500種類もの細菌がすんでいると言われています。これらは普段、あまり悪いことをしませんが、ブラッシングが充分でなかったり、砂糖を過剰に摂取したりすると、細菌がネバネバした物質を作り出し、歯の表面にくっつきます。これをプラーク（歯垢）と言います。プラークは粘着性が強いため、うがいをした程度では落ちません。しかも、1mgの中に10億個もいる細菌が、むし歯や歯周病を引き起こすのです。深刻な状態になると、歯を支えている骨も溶かされてしまい、歯を失ってしまう恐れもあります。

プラークをためない、増やさないために…

- ●正しい方法で毎日歯みがきを実行する。歯の表面を歯垢のない清潔な状態にしておく。
- ●歯肉の中まで入っている歯石を完全に取り除く。
- ●傷んだ歯肉、骨を治療して健康に近い歯肉にする。
- ●歯科衛生士による専門的なクリーニングを定期的に受ける。

chapter_05 目・耳・鼻・口の保健指導　小学校用資料

そしゃくとだ液

そしゃく（噛むこと）とだ液には、深い関係があるのを知っていますか？噛む回数が増えると、だ液の分泌が増えてきます。実は、そのだ液は、全身の健康に関わる大きな働きをしてくれています。そのヒミツに迫りましょう。

だ液の働き

歯を保護する働き
だ液中のタンパク質がバリアのようなものを歯の表面につくり、歯を守ります。また、むし歯菌により酸が発生して表面が溶けた歯に、必要な成分（カルシウム・リン酸）を補って、再び石灰化します。

口のなかを守り、うるおいを与える働き
口のなかには、人間で最も硬い歯と軟らかい粘膜があります。硬い歯があるのに、しゃべったり食べたりしても粘膜が傷つかないのは、だ液が口のなかをうるおしているからです。

口のなかを常に中性に保とうとする働き（緩衝作用）
だ液には口のなかを中性に保とうとする働きがあります。酸性やアルカリ性のものが口に入っても、40分くらいで元の状態に戻ります。

消化を助ける働き
だ液中には、消化酵素（アミラーゼ）が含まれています。アミラーゼは、糖質やデンプンなどを吸収しやすい形に分解する酵素です。噛む回数が多いほどアミラーゼも多く出るため、消化が助けられます。

体を守る働き（免疫・抗菌作用）
だ液のなかの成分が体を守っています。たとえば、リゾチームという抗菌作用をもつ酵素などが、口のなかの細菌とたたかってくれているのです。

食べものを食べやすくする働き
口のなかに入れた食べものにだ液が混ざり合うと、水分が適度に増して、飲み込みやすくなります。

不要なものを洗い流す働き
だ液は、口のなかの細菌や食べカスなどを洗い流してくれます。また、人間の体のなかに有害物質が入ってきたときには、すぐに大量にだ液が出され、有害物質の濃度を薄めます。実際、だ液の分泌が多い人は口のなかが汚れにくく、病気にもなりにくいのです。

そしゃくで脳も体も元気に

一回の食事で、人がどれくらい噛んでいるか、知っていますか？実は、江戸時代から昭和初期では、1400〜1500回ほどでした。ところが、現代のわたしたちは、その半分以下の620回です。噛む回数が減ったのは、あまり噛まないでも食べられる軟らかいものが多いメニューが多くなったからだと考えられます。みんなに人気のハンバーグ、スパゲティー、カレーライスなどは、あまり噛まずに簡単に飲み込めます。しかも高エネルギー、高脂肪です。こうした食事はとりすぎに気をつけなければなりません。
　よく噛んで食べることは、食べものの消化・吸収を助けるだけでなく、顎の成長発育や、脳の働きをよくするという重要な役割も果たしています。健康で充実した毎日を送るために、食事はよく噛んで食べましょう。

620回　／　1400〜1500回

咀嚼とだ液

咀嚼とだ液には、深い関係があるのを知っていますか？ 咀嚼の回数、つまり噛む回数が増えると、だ液の分泌が増えてきます。実は、そのだ液は、全身の健康に関わる大きな働きをしてくれています。

だ液の働き

① 口の中を保護してうるおいを与える働き

口の中は、人間で最も硬い歯と軟らかい粘膜が同居しています。そのような極端な差があるのに、しゃべったり食べたりしても粘膜が傷つかないのは、だ液が口の中を潤しているからです。

② 消化を助ける働き

だ液中には、消化酵素のアミラーゼが含まれています。アミラーゼは、糖質やデンプンなどを吸収しやすい形に分解する酵素です。噛む回数が多いほどアミラーゼの分泌も多くなるため、消化が助けられます。

③ 食べ物を食べやすくする働き

口の中に入れた食べ物にだ液が混ざり合うと、水分が適度に増して、飲み込みやすくなります。

④ 不要なものを洗い流す働き

だ液は、口の中の細菌や食べカスなどを洗い流します。また、人間の体の中に有害物質が入ってきたときには、瞬時に大量にだ液が分泌され、有害物質の濃度を薄めます。実際、だ液の分泌が多い人は口の中が汚れにくく、病気にもなりにくいのです。

⑤ 歯を保護する働き

だ液中のタンパク質がペリクルと呼ばれるバリアのようなものを歯の表面に形成し、歯を保護します。また、むし歯菌により酸が発生して、表面が脱灰した（溶けた）歯に、失われたカルシウム・リン酸を補い、再び石灰化します。

⑥ 体を守る働き（免疫・抗菌作用）

だ液の中には、リゾチームという抗菌作用を持つ酵素があり、細菌感染から体を守っています。また、だ液中の免疫グロブリン（主にIgA、IgG）も、口の中の細菌に対する防御に役立っています。

⑦ 口の中を常に中性に保とうとする働き（緩衝作用）

だ液には口の中を中性に保とうとする働きがあります。酸性、あるいはアルカリ性のものが口に入っても、40分くらいで元の状態に戻ります。

咀嚼で脳も体も元気に

一回の食事で、どれくらい咀嚼しているか、知っていますか？ 実は、江戸時代から昭和初期（戦前）では、1400〜1500回ほどでした。ところが、現代の私たちは、その半分以下の620回です。咀嚼回数が減った原因の一つは、比較的硬い、噛み応えのある食材の多い和の食文化から軟らかいものが多い洋食に食習慣が変化したことにあるでしょう。子どもたちに人気のハンバーグ、スパゲティー、カレーライスなどは、あまり噛まずに簡単に飲み込めてしまいます。しかも高エネルギー、高脂肪です。こうした食事は摂り過ぎに気をつけなければなりません。

よく噛んで食べることは、食べ物の消化・吸収を助けるだけでなく、顎の成長発育、脳を活性化させる重要な役割も果たしています。健康で充実した毎日を送るために、「よく噛む生活」を実践しましょう。

chapter_06
感染症予防の保健指導

- ☑ インフルエンザに負けないぞ！
- ☑ インフルエンザの基礎知識と対処について
- ☑ 感染性胃腸炎について知ろう
- ☑ 感染性胃腸炎に気をつけて
- ☑ アタマジラミの話
- ☑ アタマジラミにご用心！
- ☑ 知っておきたい性感染症の基礎知識

chapter_06 感染症予防の保健指導 / 小学校用資料

インフルエンザに負けないぞ！

インフルエンザは、インフルエンザウイルスに感染することでおこります。日本では、11月から3月に流行し、毎年たくさんの人がかかっています。インフルエンザは、患者のせきやくしゃみに含まれるウイルスを、まわりにいる人が吸いこんでうつります。また、閉め切られた部屋のなかで、空気中をただよっているウイルスを吸いこんでうつることもあります。人ごみや閉め切った室内は、注意しましょう！

インフルエンザの特徴

発熱	38〜40℃	悪寒	強い
原因	インフルエンザウイルス	発病	急激に病気がすすむ
主な症状	高い熱が出る・筋肉痛・関節痛など	全身の痛み	強い
		合併症	気管支炎、肺炎など

インフルエンザを予防するには？

流行期には人ごみを避ける

外出時にはマスクをする

帰宅後は、手洗いをする

十分な睡眠や栄養をとる

室内は適度に加湿する

インフルエンザの場合は、ワクチンを予防接種するのが効果的です。絶対にインフルエンザにかからないわけではありませんが、症状が軽く済んだり、肺炎などほかの病気にかかる危険を減らしたりすることに役立ちます。予防接種のほかに、これらのことにも気をつけましょう。

まわりのみんなのために

インフルエンザにかかったら、出席停止になります。「発症（発熱）した後5日を経過し、かつ、解熱した後2日を経過するまで」は登校できません。まわりの友だちや先生に流行が広がらないように、定められた期間中はゆっくり自宅で休みましょう。

中学・高校用資料

chapter_06
感染症予防の
保健指導

インフルエンザの基礎知識と対処について

　インフルエンザは、インフルエンザウイルスに感染することで起こります。冬季を中心に流行し、毎年1000万人もの人が感染しています。気管支炎や肺炎などの合併症を引き起こすこともあり、最悪の場合は死亡する危険もあります。インフルエンザは患者が咳やくしゃみをしたときに含まれるウイルスを周りにいる人が直接吸い込んで感染する「飛沫感染」が中心です。

インフルエンザの特徴

発熱	38〜40℃	悪寒	強い
原因	インフルエンザウイルス	発病	急激に発症
主な症状	発熱・筋肉痛・関節痛など	全身の痛み	強い
		合併症	気管支炎、肺炎など

インフルエンザを予防するには？

　インフルエンザワクチンの接種が効果的です。100％感染を防ぐことはできませんが、症状が軽く済んだり、合併症などを起こすリスクを減らしたりすることに役立ちます。ワクチンの接種後、2週間たつと、抗体（ウイルスから体を守るために、人間の体の中で作られる物質）が作られます。その後、5か月間ほど効果が期待できます。最も流行する1〜2月から逆算して、11月下旬までに接種を終えておくことが望ましいでしょう。ワクチン接種に加え、次のことにも気をつけましょう。

流行期には人ごみを避ける

外出時にはマスクをする

帰宅後は手洗いをする

室内は適度に換気する

十分な睡眠や栄養をとる

感染拡大防止のために

　インフルエンザにかかったら、出席停止が法律で定められています。「発症（発熱）した後5日を経過し、かつ、解熱した後2日を経過するまで」は、出席停止になります。感染の拡大を防止することが目的なので、定められた期間中はゆっくり自宅で休みましょう。

感染性胃腸炎について知ろう

感染性胃腸炎とは、細菌やウイルスなどが人から人へとうつっておきる病気です。ウイルスによる胃腸炎が多く、毎年秋から冬にかけて流行します。原因は、ノロウイルスやロタウイルスなどのウイルスのほか、細菌や寄生虫などです。ウイルスのついた手で口にさわったり、ウイルスがついた食べものを食べたりすることでうつります。

かかったら、どうなるの？

ノロウイルスの場合

- 一年中発生していますが、とくに冬の間（11月〜1月）に流行します。
- ウイルスがついた手や指で口元をさわったり、ウイルスのついた食べものを食べたりしたときにうつります。
- 主な症状は、吐き気、おう吐、げり、発熱、腹痛です。症状がつづく期間は、1日〜2日です。
- 現在、ノロウイルスのワクチンはありません。吐き気がおさまったら、少しずつ水分を補給し、安静にしましょう。

カンピロバクターの場合

- 代表的な細菌性食中毒で、原因となる病原体はカンピロバクター・ジェジュニです。生か、加熱があまりなされていない鶏肉、加熱不十分な鶏肉（バーベキュー、鶏鍋、焼き鳥など）や牛レバーの生食などによっておこります。
- うつってから症状が出るまでの期間（潜伏期間）は1〜7日（平均2〜3日）で、他の食中毒菌よりも長いのが特徴です。
- 主な症状は、げり、腹痛、発熱（40℃以上の高熱はまれ）です。頭痛、悪寒、倦怠感、筋肉痛などが現れることもあります。

O157の場合

- O157は、腸管出血性大腸菌の代表的な細菌です。家畜やペットなどの糞便や糞便で汚染された水や食べものを通して、人の口に入りO157感染症を引きおこします。
- O157の感染力は非常に強く、50個程度の菌が体のなかに入っただけでも、病気をおこしてしまいます。気温の低い時期（初夏〜初秋以外の季節）にも発生します。
- 感染してから4〜8日後に、とてもおなかが痛くなり、水っぽいげりが何度もおこります。血便（血液のまじったげり）も出ます。O157が出す「ベロ毒素」によって、溶血性尿毒症症候群（HUS）や脳症がおきると、非常に危険な状態になります。

予防するにはどうしたらいいの？

トイレの後や食事の前は、石けんと流水（水道から流れる水）で十分に手を洗いましょう。

感染性胃腸炎に気をつけて

感染性胃腸炎とは、細菌やウイルスなどの病原体による感染症です。ウイルス感染による胃腸炎が多く、毎年秋から冬にかけて流行します。一般的に、下痢止め薬（止しゃ薬）は病気の回復を遅らせることがあるので、使用しないことが望ましいと言われています。

原因と感染経路

原因となる病原体には、ノロウイルス、ロタウイルスなどのウイルスのほか、細菌や寄生虫もあります。感染経路は、病原体が付着した手で口に触れることによる感染（接触感染）、汚染された食品を食べることによる感染（経口感染）があります。

さまざまな感染性胃腸炎

カンピロバクター

- 代表的な細菌性食中毒で、原因となる病原体はカンピロバクター・ジェジュニです。生あるいは加熱があまりなされていない鶏肉（鶏刺し、タタキなど）、加熱不十分な鶏肉（バーベキュー、鶏鍋、焼き鳥など）や牛レバーの生食、井戸水による感染事例があります。
- 潜伏時間は1〜7日（平均2〜3日）で、他の食中毒菌と比較して長いのが特徴です。
- 主な症状は、下痢、腹痛、発熱（40℃以上の高熱はまれ）です。頭痛、悪寒、倦怠感、筋肉痛などが現れることもあります。

O157

- O157は、腸管出血性大腸菌の代表的な細菌です。家畜やペットなどの糞便や糞便で汚染された水や食べ物を介して人の口に入り、O157感染症を引き起こします。
- O157の感染力は非常に強く、50個程度のO157が身体の中に入っただけでも、感染してしまいます。気温の低い時期（初夏〜初秋以外の季節）にも発生します。
- 感染すると、4〜8日の潜伏期間ののちに、激しい腹痛をともなう水様便（水っぽい下痢）が頻回に起こり、血便（血液の混じった下痢）が出ます。O157が出す「ベロ毒素」によって、溶血性尿毒症症候群(HUS)や脳症が起きると、治療が難しく、非常に危険な状態になってしまいます。

ノロウイルスによる胃腸炎

- ノロウイルスによる感染性胃腸炎は、一年を通して発生していますが、特に冬季（11月〜1月）に流行します。
- 手指や食品などを介して、経口で感染します。主な症状は、吐き気、おう吐、下痢、発熱、腹痛です。症状が続く期間は、1〜2日です。
- 現在、ノロウイルスのワクチンはありません。おう吐の症状がおさまったら、少しずつ水分を補給し、安静にしましょう。

予防のポイント

トイレの後や、調理・食事の前には、石けんと流水で十分に手を洗いましょう。

消毒について

便やおう吐物を処理するときは、使い捨て手袋、マスク、エプロンを着用し、市販の塩素系漂白剤（ハイターなど）を薄めて消毒します。処理後は、石けんと流水で十分に手を洗いましょう。

chapter_06
感染症予防の保健指導

小学校用資料

アタマジラミの話

アタマジラミ（症）は、アタマジラミという寄生虫が頭髪にすみつくことでおこります。シラミは動物の毛の部分にすみつき、血液を吸って成長します。アタマジラミは人の血液を吸収するときに、だ液を注入します。それに対するアレルギー反応として、かゆくなります。シラミの卵は1週間〜10日ほどでふ化し、1か月ほどで成虫になります。つぎつぎに卵を産むため、どんどん増えてしまいます。

以下に当てはまる場合はアタマジラミかもしれません。チェックしてください。
- ☐ 頭（耳の後ろや頭の後ろの部分）にかゆみがある。
- ☐ 頭がかゆくて、強くひっかいたために湿疹（赤いブツブツ）や、「とびひ」が出ている。
- ☐ 髪の毛にフケのようなもの（シラミの卵）がある。

シラミの卵は

シラミの卵はフケと似ています。フケと区別するポイントはつぎの通りです。
- ☑ シラミの卵は、厚みがあります
- ☑ シラミの卵は、髪の毛を取り巻いてついています（フケは髪の毛に乗っている感じ）
- ☑ シラミの卵は、髪の毛にしっかりとついています（フケはすぐに落ちます）
- ☑ シラミの卵は、根元より先のほうについています（フケは根元についています）

もし当てはまる項目があれば、アタマジラミかもしれません。

どうやって、うつるの？

- ●アタマジラミはヒトからヒトにうつります。一緒に遊んでいるときに頭を寄せ合ったり、アタマジラミのいる人が使った布団やタオル、くしを使ったりすることでうつります。
- ●家族間や学校などで、感染が広がりやすい特徴があります。
- ●髪の毛の長い人は、とくに注意が必要です。
- ●プールやお風呂など、水中で感染することはありません。

❗ ここに注意！

かゆくて頭をかきむしると、皮ふが傷ついて血が出ます。そのキズにばい菌が入ると"とびひ（伝染性膿痂疹）"になる場合も。とびひは市販の薬で治すのは難しいので、皮ふ科に行きましょう。

アタマジラミにご用心!

頭がかゆくてたまらない? もしかしたら、それはアタラジラミのせいかもしれません。まずは、セルフチェックしてみましょう。

- ☐ 頭（特に耳の後ろや後頭部）にかゆみがある。
- ☐ 頭のかゆみのために掻いて湿疹が出たり、「とびひ」が出現したりしている。
- ☐ 髪の毛にフケのようなもの（シラミの卵）がある

シラミの卵はフケと似ています。フケと区別するポイントは次の通りです。
- ☑ シラミの卵は、厚みがあります
- ☑ シラミの卵は、髪の毛を取り巻いてついています（フケは髪の毛に乗っている感じ）
- ☑ シラミの卵は、髪の毛にしっかりとついています（フケはすぐに落ちます）
- ☑ シラミの卵は、根元より先の方についています（フケは根元についています）

もしチェックがついたら、アタマジラミかもしれません。

アタマジラミとは

- ●アタマジラミ（症）は、その名の通り、シラミという寄生虫が頭髪にすみつくことで起こります。現在でも年間5000〜6000人が感染していると言われています。
- ●シラミの大きさはオスで2〜4mm、メスで2〜3mm程度で、動物の毛の部分にすみつき、血液を吸って成長します。
- ●アタマジラミは人の血液を吸収するときに、唾液分泌物を注入します。それに対するアレルギー反応として、かゆみが生じます。成虫はもちろん幼虫も血を吸い、常にかゆみが出ます。
- ●シラミの卵は1週間から10日ほどで孵化して、1か月ほどで成虫になります。寿命は約1〜2か月ですが、次々に卵を産むため、どんどん増えてしまいます。自然にいなくなることはほとんどありません。

アタマジラミの感染経路

- ●アタマジラミはヒトからヒトに感染します。ゲーム機やスマートフォンをのぞき込んで、頭を寄せ合うのも危険です。また、布団や寝具はもちろん、タオルやくしの共有でも感染するので、家族間や学校などで感染が広がりやすいのも特徴です。
- ●髪の毛の長い人は、特に注意が必要です。
- ●プールやお風呂など水中では感染しません。

ここに注意！

かゆくて掻きむしることで皮膚が裂傷を受け血が出ることもあります。そのキズにばい菌が入ると"とびひ（伝染性膿痂疹）"になる場合も。とびひは市販の薬での対処は難しいので、発症した際には皮膚科で診察を受けましょう。

知っておきたい性感染症の基礎知識

性感染症（STD）は、セックス（性行為）により感染する病気です。自分の体とパートナーを大切にするために、正しい知識と対処法について知っておきましょう。

性器クラミジア感染症

【特　徴】わが国で最も多い性感染症（STD）です。
【問題点】男女とも性的活動の活発な若い年代の患者が多く、特に10代の女性の感染率が高く、将来の不妊が心配されます。
【治　療】治療には抗菌薬を使用します。クラミジアは、パートナー間でお互いに感染させるいわゆる「ピンポン感染」があるため、二人同時に治療することが重要です。

性器ヘルペスウイルス感染症

【特　徴】単純ヘルペスウイルス（HSV）の感染によって、性器やその周辺に水疱や潰瘍などができる病気です。外陰部にしこりや違和感、かゆみを感じます。HSVに感染している相手との性交によって感染します。無症状の場合でも、性器の粘膜や分泌液中にウイルスが存在する場合には感染します。
【問題点】抗ヘルペスウイルス剤を服用すれば、いったんは治りますが、HSVは体内に潜伏するため、その後、長年にわたって再発します。
【治　療】再感染を防ぐために、パートナーと一緒に専門医を受診し、治療をすることが重要です。

梅毒

【特　徴】性的な接触（他人の粘膜や皮膚と直接接触すること）などによってうつる感染症です。原因は、梅毒トレポネーマという病原菌です。
【問題点】感染初期〜数か月には、痛みがないことも多く、症状は自然に軽快します。数年後に複数の臓器の障害につながることがあります。また、妊婦が梅毒に感染すると、胎盤を通して赤ちゃんに感染し、命に関わることがあります（先天梅毒）。
【治　療】抗菌薬を飲みます。完治しても、再感染の予防が必要です。パートナーと一緒に検査を受け、治療しましょう。

淋菌感染症

【特　徴】性交による淋菌の感染が原因です。
【問題点】男性・女性ともに、自覚症状がない場合もあります。しかし、何度も再感染し、男性は尿道炎、女性は子宮頸管炎につながる危険があります。
【治　療】筋肉注射のほか、経口薬を使います。

HIV（ヒト免疫不全ウイルス）

【特　徴】ヒトの体をさまざまな細菌、かびやウイルスなどの病原体から守る「免疫」にとって重要な細胞に感染するウイルスです。感染すると、普段は感染しない病原体にも感染しやすくなり、さまざまな病気を発症します。この状態をエイズ（AIDS：後天性免疫不全症候群）と言います。主な感染経路は「性的感染」、「血液感染」、「母子感染」です。
【治　療】抗HIV薬によってウイルスの増殖を抑え、エイズの発症を防ぐことで、長期間にわたり健常時と変わらない日常生活を送ることができます。

性感染症を予防するには

感染が疑われる相手との性的交渉を避けることが大切です。また、コンドームを使用しても、100％感染を防げるわけではないことを覚えておきましょう。患者本人とその接触者の早期診断と治療が重要です。

chapter_07
病気の理解とその対応の保健指導

- ☑ 食物アレルギーってなあに？
- ☑ 食物アレルギーQ＆A
- ☑ 花粉症を乗り切ろう
- ☑ 花粉症乗り切り講座
- ☑ 食中毒予防の基礎知識
- ☑ 食中毒予防の基礎知識
- ☑ もしかして、じんましん？
- ☑ じんましんについて知っておこう
- ☑ にきびに気をつけて
- ☑ にきび対策をしよう
- ☑ ちょ～大切なげりと便秘の話
- ☑ ちょ～大切な下痢と便秘の話
- ☑ めまいを感じたら…
- ☑ めまいを感じたら…

chapter_07
病気の理解とその対応の保健指導

小学校用資料

食物アレルギーってなあに？

食物は、わたしたちの体を作ってくれる大事なものです。でも、人によっては、体に合わない食べものがあります。体に合わない食べものを食べたときにおこるのが、「食物アレルギー」です。おいしく食べて元気にすごすために、食べものと体の関係について、知っておきましょう。

Q 食物アレルギーってなあに？

A 食べものを食べたときに、「あれ？　この食べものは、合わないぞ！」と体が感じて、さまざまな反応をおこすことです。食物アレルギーには、食べものを食べた直後～1時間以内にじんましんが出たりおなかが痛くなったりする場合と、何時間もたってからブツブツ（アトピー性皮ふ炎）がひどくなったり、げりをしたりする場合があります。

Q どんな反応が出るの？

A じんましんのほか、咳やぜん息、おう吐などが出ます。多いのは、じんましんや紅斑（皮ふが赤くなること）、むくみですが、咳・ぜん息発作、おう吐・腹痛・げりなどがおこる場合もあります。そのほか、血圧が下がって頭がクラクラするアナフィラキシーショックがおこることもあります。

Q どうしてアレルギーがおこるの？

A 体に合わない食べものの成分に対して、体を守ろうとする働きがおこるからです。アレルギー症状をおこすものをアレルゲンと言います。たとえば、卵を食べてじんましんがおきる人にとっては、卵がアレルゲンです。病院では、血液検査をして、アレルゲンかもしれない食品かどうかを調べます。

アレルゲンとなる食べものの例

乳製品、チョコレート、卵、マヨネーズ、アイスクリーム、そば、小麦、大豆、ゴマ、落花生、エビ、カニ、イカ、サケ、イクラ、キウイ、リンゴ、モモ、メロン、バナナ、トマト

Q アレルギーを防ぐには？

A 原因となる食べものを食べないようにするのが最も良い方法です。低アレルギーミルクや低アレルギー米など、市販されている低アレルギー食品を利用する方法もあります。小麦や卵など多くの食品に含まれていて完全に取り除くのが難しいときは、食べる前にアレルギーの薬をのんで、アレルギーを防ぎます。もしアレルギーが出たら、抗ヒスタミン薬や抗アレルギー薬を飲み、皮ふのボツボツ（湿疹）がひどくなったときは、ステロイド外用薬をぬります。食べものの食べ方や、代替食品の利用のしかた、薬ののみ方などは、必ずお医者さんに相談して、お医者さんの言うことを守りましょう。

何がアレルゲンになるかは、人によって違います。小さいときはアレルギーが出ても、大人になるにつれて食べられるようになることもあります。

中学・高校用資料　chapter_07 病気の理解とその対応の保健指導

食物アレルギーQ＆A

食物アレルギーには、食べ物を摂取した直後〜1時間以内にじんましんや腹痛などの症状が出る「即時型」と、数時間以上経過してから湿疹（アトピー性皮膚炎）の悪化や下痢などがみられる「遅延型」があります。

 どんな反応が出るの？

じんましんのほか、咳や喘息、おう吐などの反応が出ます。

症状として多いのは、じんましんや紅斑（皮膚が赤くなること）、浮腫（むくみ）ですが、咳・喘息発作、おう吐・腹痛・下痢なども起こる場合があります。そのほか、血圧が下がって意識が遠のくアナフィラキシーショックが起こることもあります。

- 頭痛、ぐったりする、等　神経症状
- くしゃみ、鼻水、等　鼻の症状
- 頻脈、手足が冷たい、等　循環器症状
- 腹痛、おう吐、下痢、等　消化器症状
- 目の症状　結膜の充血、かゆみ、まぶたの腫れ、等
- 口腔の症状　口の中の違和感、かゆみ、等
- 呼吸器症状　咳、喘息発作、等
- 皮膚の症状　じんましん、紅斑、浮腫、等

 どうしてアレルギーが起こるの？ どんな反応が出るの？

 タンパク質に対して抗体が働くために起こります。

アレルギー症状を起こすものをアレルゲンと言います。たとえば、卵を食べてじんましんが起きる人にとっては、卵がアレルゲンです。アレルゲンの多くは食品に含まれるタンパク質で、卵白の場合は、オボムコイド、オボアルブミン、リゾチームなど何種類かのタンパク質がアレルゲンになることが知られています。そうしたアレルゲンを含む食べ物を食べると、即時型の場合には、食べ物に対するIgE抗体が働いて、アレルギー反応が起こります。病院では、血液検査で疑わしい食品に対するIgE抗体があるかどうかを調べます。ただし、IgE抗体があっても、実際に症状が出るとは限りません。正しい診断のためには食物負荷試験などで、実際に食べたときの症状を確認することが必要です。

アレルゲンとなる食べ物の例
牛乳、バターなどの乳製品、チョコレート、卵、マヨネーズ、アイスクリーム、そば、小麦、大豆、ゴマ、落花生、エビ、カニ、イカ、サケ、イクラ、キウイ、リンゴ、モモ、メロン、バナナ、トマト

 アレルギーを防ぐには？

 原因となる食べ物を食べないようにするのが一番。薬を飲む方法も。

原因となる食べ物を食べないようにするのが最も良い方法です。低アレルギーミルクや低アレルギー米など、市販されている低アレルギー食品を代替食品として利用するのも有効です。それでも、小麦や卵など多くの食品に含まれていて完全に取り除くのが難しいときは、非吸収性の抗アレルギー薬（クロモグリク酸など）を食前に服用して、症状が出るのを防ぎます。

症状が出た時は、抗ヒスタミン薬や抗アレルギー薬を飲み、湿疹の悪化にはステロイド外用薬を塗ります。食べ物の摂り方、代替食品の利用法、そして薬の服用などは、必ずかかりつけ医を受診し、指示に従いましょう。

69

chapter_07 病気の理解とその対応の保健指導

小学校用資料

花粉症を乗り切ろう

花粉症は、スギなどの花粉が原因となっておこる病気のひとつです。とくに、スギ花粉症は冬の終わりから春にかけて、毎年、くしゃみ・鼻みず・鼻づまりなどで苦しむ人が多くいます。日本では、スギ、ヒノキ、イネ、ブタクサ、ヨモギなど約50種類の植物が花粉症を引きおこすとされています。

花粉症発症の仕組み

①わたしたちの体では、異物（花粉）が体の内に侵入してくる（❶）と、それに反応するIgE抗体というものが作られます（❷）。

②再び花粉が侵入してきて（❸）、IgE抗体に結合すると（❹）、肥満細胞からヒスタミンなどの化学物質が分泌されます（❺）。

③その結果、くしゃみ、鼻みず、鼻づまり、目のかゆみなどが現れます（❻）。これは、異物を体の外に追い出したり、体内に入りにくくしたりするために、体を守ろうという働きです。

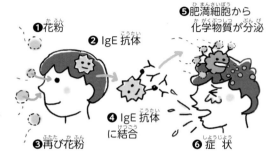

❶花粉　❷IgE抗体　❸再び花粉　❹IgE抗体に結合　❺肥満細胞から化学物質が分泌　❻症状

花粉症対策は早めがおすすめ！

花粉が飛びはじめる2週間くらい前、または花粉症が軽いうちに治療を始めることを「初期療法」といいます。初期療法を行うと、花粉症が出るのを遅らせたり、軽くしたりする可能性があるといわれています。スギ花粉は、日本各地で1月下旬ごろから順次、飛び始めます。自分が住む地域の花粉がいつごろから飛び始めるのかテレビの天気予報などの花粉情報をチェックして、早めにお医者さんに相談しましょう。

かぜと花粉症の違い

花粉症の症状は、かぜの場合とよく似ています。かぜと花粉症の違いを知って、「おかしいな」と思ったら、早めに病院に行きましょう。

	花粉症	かぜ
くしゃみ	立てつづけに何回も出る。	あまり立てつづけには出ない。
鼻みず	透明でさらさらしている。	初めはさらさらでも、数日で黄色くなってネバネバしてくる。
鼻づまり	両方の鼻がつまり、鼻で息ができないこともある。	比較的症状は軽い。

日常生活の工夫

花粉の時期をできるだけおだやかに乗り切るために、毎日の暮らしのなかで、つぎのことに気をつけましょう。
- 花粉情報に注意する。
- 飛散の多いときは、外出しない。
- 外出時にマスク、メガネを使う。
- 表面がけばだった毛織物などのコートや上着は着ない。
- 帰宅時、玄関で衣服や髪をよく払ってから入室する。
- 洗顔、うがいをし、鼻をかむ。
- 花粉が多いときは、窓、戸を閉めておく。換気時の窓は小さく開け、短時間で閉める。
- 花粉が多いときは、ふとんや洗濯物の外干しはやめる。
- 窓際をよく掃除する。

花粉症乗り切り講座

花粉症は、スギなどの花粉（抗原）が原因となって起こるアレルギー疾患の一つで、毎年、くしゃみ・鼻水・鼻づまりなどの症状で多くの人を悩ませています。日本では、スギ、ヒノキ、イネ、ブタクサ、ヨモギなど約50種類の植物が花粉症を引き起こすとされています。花粉症のメカニズムを知り、適切に対処することで、苦しい時期をなるべくおだやかに乗り切る工夫をしましょう！

花粉症発症のメカニズム

①私たちの体では、花粉が体の内に侵入してくる（❶）と、その花粉（異物）に反応するIgE抗体というものが作られます（❷）（IgE抗体は、肥満細胞の表面にくっつきます）。

②再び花粉が侵入してきて（❸）、IgE抗体に結合すると（❹）、肥満細胞からヒスタミンなどの化学物質が分泌されます（❺）。

③その結果、くしゃみ、鼻水、鼻づまり、目のかゆみなどが現れます（❻）。つまり、異物を体の外に追い出したり、体内に入りにくくしたりするために、生体防御反応が起きているのです。

❶花粉　❷IgE抗体　❸再び花粉　❹IgE抗体と結合　❺肥満細胞から化学物質が分泌　❻症状

花粉症対策は早めがおすすめ！

花粉が飛びはじめる少し前、もしくは症状が軽いうちに治療を始めることを「初期療法」といいます。初期療法を行うと、症状が出るのを遅らせたり、症状を軽くしたりできる可能性があると言われています。スギ花粉の場合、1月下旬頃から飛び始めます。自分が住む地域の飛散時期を天気予報の花粉情報等でチェックして、早めに医師に相談しましょう。

かぜと花粉症の違い

花粉症は、かぜの症状とよく似ています。そのため、かぜだと勘違いして治療が遅れ、悪化することがあります。「おかしいな」と思ったら、早めに受診しましょう。

	花粉症	かぜ
くしゃみ	立て続けに何回も出る。	あまり立て続けには出ない。
鼻水	透明でさらさらしている。	初めはさらさらでも、数日で黄色くなってネバネバしてくる。
鼻づまり	両方の鼻がつまり、鼻で息ができないこともある。	比較的症状は軽い。

日常生活の工夫

花粉の時期をできるだけおだやかに乗り切るために、毎日の暮らしの中で、次のことに気をつけましょう。
- 花粉情報に注意する。
- 飛散の多い時の外出を控える。
- 外出時にマスク、メガネを使う。
- 花粉が付着しやすいので、表面がけばだった毛織物などのコートの使用は避ける。
- 帰宅時、玄関で衣服や髪をよく払ってから入室する。
- 洗顔、うがいをし、鼻をかむ。
- 飛散の多い時は、窓、戸を閉めておく。換気時の窓は小さく開け、短時間にとどめる。
- 飛散の多い時のふとんや洗濯物の外干しは避ける。
- 窓際をよく掃除する。

chapter_07
病気の理解とその対応の保健指導

小学校用資料

食中毒予防の基礎知識

急におなかが痛くなったり、げりをしたり、吐いたりしたことはありませんか。その原因は、「食中毒」かもしれません。食中毒は、飲食店だけでなく、おうちの食事でも発生しています。食中毒の原因や仕組みを知って、食中毒を防ぎましょう。食中毒の主な原因は「細菌」と「ウイルス」です。

細菌による食中毒

細菌は、食べもののなかで増殖し、その食べものを食べることにより食中毒を引きおこします。細菌による食中毒は夏場（6月～8月）に多く発生します。なぜなら、食中毒を引きおこす細菌の多くは、室温（約20℃）で活発に増殖し始め、人間や動物の体温ぐらいの温度で増殖のスピードが最も速くなるからです。湿気も好むため、梅雨時には、細菌による食中毒が増えます。

食中毒をおこす細菌：腸管出血性大腸菌（O157、O111など）、カンピロバクター、サルモネラ属菌など

ウイルスによる食中毒

ウイルスは低温や乾燥した環境のなかで長く生存します。ウイルスは、人の体のなか（腸管内）で増殖し、食中毒を引きおこします。ウイルスが原因の食中毒は、冬場（11月～3月）に多く発生しています。代表的なウイルスであるノロウイルスは、調理をする人から食べものについて広がる場合が多く、ほかに二枚貝についていることもあります。ノロウイルスによる食中毒は、大規模化することが多く、とくに注意が必要です。

食中毒をおこすウイルス：ノロウイルスなど

食中毒予防の3原則

食中毒予防の3原則は、細菌やウイルスを、
① 「つけない」、② 「増やさない」、③ 「やっつける」です。

① 「つけない」

生の肉や魚などを切ったまな板などの器具から、加熱しない野菜などへ菌がつかないように、使うたびにきれいに洗い、できれば熱湯などで殺菌しましょう。焼肉の場合には、生の肉をつかむ箸と焼けた肉をつかむ箸は、別のものにしましょう。食べものを保管するときは、密封容器に入れたり、ラップをかけたりすることも大事です。

② 「増やさない」

細菌の多くは10℃以下では、増え方がゆっくりになります。マイナス15℃以下では増殖が止まります。肉や魚などの生鮮食品やお総菜などは、できるだけ早く冷蔵庫に入れましょう。

③ 「やっつける」

ほとんどの細菌は加熱によって死滅します。そのため、肉や魚はもちろん、野菜なども加熱して食べれば安全です。とくに肉料理は中心までよく加熱することが大事です（目安は中心部を75℃で1分以上の加熱）。肉や魚、卵などを使った後の調理器具（ふきん、まな板、包丁）は、洗剤でよく洗ってから、熱湯をかけて殺菌しましょう。台所用殺菌剤を使うのも効果的です。

中学・高校用資料　chapter_07 病気の理解とその対応の保健指導

食中毒予防の基礎知識

腹痛や下痢、おう吐などの症状が急に出たことはありませんか。その原因の一つとして、疑われるものが「食中毒」です。食中毒は、飲食店だけでなく、家庭の食事でも発生しています。予防の原則を知って、食中毒を防ぎましょう。

食中毒のメカニズム

食中毒の主な原因は「細菌」と「ウイルス」です。

細菌による食中毒

細菌は食べ物の中で増殖し、その食べ物を食べることにより食中毒を引き起こします。細菌が原因の食中毒は夏場（6〜8月）に多く発生します。なぜなら、食中毒を引き起こす細菌の多くは、室温（約20℃）で活発に増殖し始め、人間や動物の体温ぐらいの温度で増殖のスピードが最も速くなるからです。湿気も好むため、梅雨時には、細菌による食中毒が増えます。

> 食中毒を起こす細菌…腸管出血性大腸菌（O157、O111など）、カンピロバクター、サルモネラ属菌など

ウイルスによる食中毒

ウイルスは低温や乾燥した環境の中で長く生存します。ウイルスは、食べ物を通じて体内に入ると、人の腸管内で増殖し、食中毒を引き起こします。ウイルスが原因の食中毒は、冬場（11〜3月）に多く発生しています。代表的なウイルスであるノロウイルスは、調理者から食品を介して感染する場合が多く、ほかに二枚貝に潜んでいることもあります。ノロウイルスによる食中毒は、大規模化することが多く、特に注意が必要です。

> 食中毒を起こすウイルス…ノロウイルスなど

食中毒予防の3原則

食中毒予防の3原則は、細菌やウイルスを、
①「つけない」、②「増やさない」、③「やっつける」です。

①つけない

生の肉や魚などを切ったまな板などの器具から、加熱しない野菜などへ菌が付着しないように、使用のたびにきれいに洗い、できれば熱湯などで殺菌しましょう。焼肉の場合には、生の肉をつかむ箸と焼けた肉をつかむ箸は別のものにしましょう。食品を保管するときは、密封容器に入れたり、ラップをかけたりすることが大事です。

②増やさない

細菌の多くは10℃以下では増殖がゆっくりとなり、マイナス15℃以下では増殖が停止します。肉や魚などの生鮮食品やお総菜などは、購入後、できるだけ早く冷蔵庫に入れましょう。ただし、冷蔵庫に入れても、細菌はゆっくりと増殖しますので、早めに食べることが大事です。

③やっつける

ほとんどの細菌やウイルスは加熱によって死滅します。そのため、加熱して食べれば安全です。特に肉料理は中心までよく加熱することが大事です（目安は中心部を75℃で1分以上の加熱）。肉や魚、卵などを使った後の調理器具は、洗剤でよく洗ってから、熱湯をかけて殺菌しましょう。台所用殺菌剤の使用も効果的です。

chapter_07 病気の理解とその対応の保健指導　　小学校用資料

もしかして、じんましん？

じんましんとは、皮ふに赤みのあるブツブツ（膨疹）ができ、しばらくすると消えてしまう病気のことです。とてもかゆくなることが多く、そのためにストレスを感じたり、皮ふをかきむしってしまったりすることもあります。

じんましんの症状

じんましんは、最初に蚊にさされたときのような赤いふくらみがポツッと現れ、それがだんだんと広がったり、体のあらゆるところに出てきたりします。そのときには、かゆくて仕方ありませんが、やがて消えてしまいます。数分～数時間で消える場合がほとんどですが、半日から一日程度つづくこと、出たり消えたりして何日もつづくこともあります。

じんましんの原因

じんましんには、アレルギー性のものと、非アレルギー性のものがあります。アレルギー性じんましんの原因となるのは、食べもの、食品添加物、動物、植物などです。これらに含まれるアレルギーの原因物質が、体のなかで異物として認識されると、細胞からさまざまな化学物質が放出されます。そのなかのヒスタミンという物質が皮ふの血管をおしひろげて、血液中の水分を血管の外に浸み出させるため、皮ふが赤くはれるのです。また、ヒスタミンはかゆみを感じる神経を刺激するため、とてもかゆく感じます。

原因となるもの

アレルギー性の場合

食べもの　魚介類、肉類、卵、乳製品、穀類、野菜、食品添加物

※とくに、小麦、そば、乳製品、卵、落花生は、五大アレルギー成分といわれています。

植物・昆虫　蕁麻、ゴム、ハチなど

薬剤　抗生物質、解熱鎮痛剤、咳止め剤など

※薬剤が原因でおこるアレルギー性じんましんは、病気が重くなるかもしれないため、早めに病院を受診しましょう。

非アレルギー性の場合

摩擦、圧迫、暑さ、寒さ、運動、発汗など

※かゆみが伴わないことも、まれにあります。

対処法

じんましんが出たときは、できるだけ静かにすごし、患部を冷たいタオルなどで冷やし（寒冷じんましんの場合以外）、摩擦や圧迫、振動などの刺激を与えないようにします。じんましんになった原因を見つけて、それを取り除くことも大切です。治すには、薬（抗ヒスタミン薬や抗アレルギー薬など）を飲みます。薬を飲むと大部分の人は数日で症状が治まりますが、お医者さんの指示がある間は飲みつづけましょう。

中学・高校用資料

chapter_07
病気の理解とその対応
の保健指導

じんましんについて知っておこう

　じんましんとは、皮膚に赤み「紅斑」のあるブツブツ（膨疹）ができ、しばらくすると消えてしまう病気のことです。激しいかゆみを伴うことが多く、そのためにストレスを感じたり、掻き壊してしまったりすることもあります。

じんましんの症状

　じんましんは、最初に蚊に刺されたときのような赤いふくらみがポツッと現れ、それがだんだんと広がったり、体のあらゆるところに出てきたりします。そのときには、かゆくて仕方ありませんが、やがて跡形もなく消えてしまうのが特徴です。数分〜数時間で消えるケースがほとんどですが、半日から一日程度続くこと、出たり消えたりして何日も続くこともあります。

じんましんの原因

　じんましんには、アレルギー性のものと、非アレルギー性のものがあります。アレルギー性じんましんの原因となるのは、食べ物、食品添加物、動植物などです。これらに含まれるアレルギーの原因物質が、体の中で異物として認識されると、細胞からさまざまな化学物質が放出されます。その中のヒスタミンという物質が皮膚の血管を拡張させ、血液中の水分を血管の外に浸み出させるため、皮膚が赤く腫れるのです。また、ヒスタミンはかゆみを感じる神経を刺激するため、かゆみも出ます。

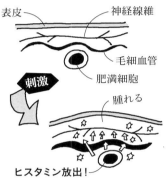

原因となるもの

アレルギー性の場合

●**食べ物**
魚介類、肉類、卵、乳製品、穀類、野菜、食品添加物
※特に、小麦、そば、乳製品、卵、落花生は、五大アレルギー成分といわれています。

●**植物・昆虫**
蕁麻（じんま）、ゴム、ハチなど

●**薬剤**
抗生物質、解熱鎮痛剤、咳止め剤など
※薬剤が原因で起こるアレルギー性じんましんは、重篤化する恐れがあるため、早めに病院を受診しましょう。

非アレルギー性の場合

摩擦、圧迫、暑さ、寒さ、運動、発汗など
※非アレルギー性じんましんでは、かゆみが伴わないことも、まれにあります。
※血液疾患、膠原病などがある人、心身のストレスの強い人では、運動や発汗が刺激となって、じんましんになることがあります。

対処法

　じんましんが出たときは、できるだけ静かに過ごし、患部を冷たいタオルなどで冷やし（寒冷じんましんの場合以外）、摩擦や圧迫、振動などの刺激を与えないようにします。じんましんになった原因を見つけて、それを取り除くことも大切です。治療としては、抗ヒスタミン薬や抗アレルギー薬などを飲みます。薬を飲むと大部分の人は数日で症状が治まりますが、担当医の指示がある間は飲み続けましょう。

75

chapter_07 病気の理解とその対応の保健指導 　小学校用資料

にきびに気をつけて

にきびは、皮ふにボツボツができて、赤くなったり、跡が残ったりする病気です。後で「にきび跡が残っちゃった〜！」と困らないように、にきびのしくみや予防のしかたを知っておきましょう。

にきびの原因

にきびは、毛穴の入口の角質（皮ふの上の部分にあるタンパク質）が増えて、皮脂（皮ふのあぶら）をうまく外に出せなくなり、つまってしまうことが原因でおこります。つまった皮脂が酸化し、アクネ菌が増えることで、ブツブツやはれが悪化するのです。アクネ菌は、毛穴の奥に潜む常在菌で、思春期以降は、誰の皮ふにもいる菌です。肌表面のバランスを正常に保つ役割があり、もともとは悪い菌ではありません。

ニキビができやすい部分

ニキビができやすいのは、顔や胸元、背中などです。思春期は、成長ホルモンの影響で、特にTゾーン（顔の額から鼻の部分）にできやすくなります。

☑ 洗顔で予防！

にきびの段階と対処法

❶初期段階（白にきび・黒にきび）

白っぽくポツンとできている状態が、「白にきび」です。もう少し症状が進むと、肌の内部に溜まっている皮脂が外に出てきます。その皮脂に汚れが付着したり、皮脂が酸化したりして、先っぽが黒っぽくなります。これが「黒にきび」です。この段階なら、跡にならずにきれいに治すことができます。

❷第2段階（赤にきび）

「白にきび」「黒にきび」をそのままにして、炎症がおきてしまった状態です。この段階まで進むと、薬による治療が必要になります。指先でつぶしたり、手で触ったりするのはやめましょう。

❸第3段階（黄にきび）

ボツボツやはれがさらに強くなると、膿をもった状態になります。にきびが治った後も、肌の色が変わったり、跡が残ってしまうかもしれないので、早めに治しましょう。

❹第4段階（紫にきび）

毛穴の周囲にまで炎症が及ぶと、毛穴の内部に血と膿が溜まり、赤紫色にはれあがってしまいます。クレーター（にきび跡）になってしまわないように専門の皮ふ科医に相談しましょう。

初期段階　第2段階　第3段階　第4段階

予防するには

にきびには、ホルモンの働きが大きな影響を与えるため、よい生活習慣を心がけ、ホルモンの働きを整えましょう。
- 紫外線対策（帽子をかぶる、日焼け止めを塗るなど）
- バランスのよい食事（糖分や脂肪分のとりすぎ、スパイスやコーヒーなどの刺激物をひかえる）
- 便秘を防ぐ（体のなかのいらないものは、さっさと外に出しましょう）
- 良質な睡眠をとり、ストレスを溜めない（生活を見直して、体の調子を整えましょう）

にきび対策をしよう

にきびは皮脂腺の慢性的な炎症で、医学的には「尋常性ざ瘡」という皮膚の病気です。にきび跡が残って後悔しないように、にきびの種類やメカニズムを知っておきましょう。

原因

毛穴の入口の角質が増殖し、皮脂が排出しきれずつまってしまうことが原因で起こります。つまった皮脂が酸化し、アクネ菌が増殖することで炎症が悪化するのです。

※アクネ菌は毛穴の奥に潜む常在菌で、思春期以降は、誰の皮膚にもほぼ100％すみついている菌です。肌表面のバランスを正常に保つ役割があり、もともとは悪い菌ではありません。

Tゾーンにできやすい

にきびの段階と対処法

にきびの進行段階を確認し、適切に対処しましょう。

①初期段階
（白にきび・黒にきび）

白っぽくポツンとできて、毛穴がまだ開放されていない状態が白にきびです。もう少し症状が進むと肌内部に溜まっている皮脂が外に出てきます。その皮脂に汚れが付着したり、皮脂が酸化したりして、先っぽが黒っぽくなります。これが黒にきびです。アクネ菌の増殖はまだ始まっていないので、初期段階なら、跡にならずきれいに治すことができます。

②第2段階
（赤にきび）

白にきび・黒にきびをそのままにしておいて、炎症が起きてしまった状態です。この段階まで進むと抗生物質の治療が必要になります。指先でつぶしたり、手で触ったりするのはやめましょう。

③第3段階
（黄にきび）

炎症がさらに強くなると、膿を持った状態になります。この段階は、にきびが治った後も、色素沈着を起こしたり、クレーターが残ったりする可能性が高くなります。早い段階で治療しましょう。

④第4段階
（紫にきび）

毛穴の周囲にまで炎症が及ぶと、毛穴の内部に血と膿が溜まり、赤紫色に腫れあがってしまいます。クレーターになってしまう可能性が高い状態のため、早く皮膚科医に相談しましょう。

初期段階	第2段階	第3段階	第4段階

予防するには

ホルモンの働きがにきびの生成に大きな影響を与えるため、よい生活習慣を心がけ、ホルモンの働きを整えましょう。

- ●紫外線対策（肌を紫外線にさらすと、肌を守る力が働き、角質が厚くなります。厚くなった角質は毛穴のつまりを促すため、にきびの温床になります。帽子をかぶる、日焼け止めを塗るなど、UVケアを）
- ●バランスのよい食事（糖分や脂肪分の摂りすぎ、スパイスやコーヒーなどの刺激物もNGです！）
- ●便秘を防ぐ（腸内に有害物質が溜まらないよう、水分や食物繊維を積極的に摂取して）
- ●良質な睡眠をとり、ストレスを溜めない（自律神経が乱れないよう、生活を見直して）

chapter_07 病気の理解とその対応の保健指導　小学校用資料

ちょ〜大切なげりと便秘の話

おなか（腸）には、脳と同じくらい神経細胞が集まり、命に関わる大切な機能を担っていることが明らかになってきました。元気で充実した毎日をすごすために、おなかの調子を整えましょう！

げりの人へ

げりは、体に入った悪いもの（ウイルスや病原菌）を体の外に出すための正常な体の働きです。そのため、無理に薬で止めることはよくないと言われています。なぜげりになったのか、原因を突き止め、改善策を考えていきましょう。

げりの主な原因と対処法

原因		対処法
食べすぎ	食べすぎると、消化不良をおこして、げりになります。	食べすぎはやめましょう。
ストレス	1〜2日様子をみて、治まる傾向ならそのまま大丈夫。	深い深呼吸（腹式呼吸）を行ったり、心や体がリラックスできるように、ゆっくり休みましょう。
冷え	おなかが冷えると、神経がうまく働かなくなり、腸が異常収縮してしまうのが原因。	冷たい飲みものや食べものを避け、体のなかから温まる食事が大切。
食品添加物	ノンシュガー食品、合成甘味料、食品添加物の多く入った食品などの作用で、腸に水分がたまりすぎるのが原因。	添加物の多い食品をできるだけ避けましょう。

便秘の人へ

便秘とは、「自分で満足できるうんちが出ない状態」です。2〜3日間隔でも、すんなりうんちが出てスッキリするなら、便秘ではありません。歯みがき粉のような軟らかさで、色は茶色系か緑色系、バナナぐらいの大きさのものが1〜2本分出れば大丈夫。便秘になりやすい生活習慣を見直すことが必要です。

便秘の主な原因と対処法

原因		対処法
年齢や環境の変化による腸内細菌バランスの悪化		食生活を見直しましょう。
ストレス		睡眠、食事など生活習慣を見直して。心をリラックスすることも大切。
我慢のしすぎ		排便のタイミングを逃すと水分が抜けて、ますます強固な便秘になる恐れも。したくなったら我慢せず、すぐトイレへ。
睡眠不足		自律神経が乱れないように、夜ふかしは避けて。
ダイエットや小食		便のもととなる食物繊維（野菜、穀類、海草など）をしっかり食べましょう。とくに一日のリズムを生み出す朝食はしっかり食べましょう。

中学・高校用資料　　chapter_07 病気の理解とその対応の保健指導

ちょ〜大切な下痢と便秘の話

　昔から「元気の元は胃腸から」と言われるように、健康の要は、おなかが丈夫であることです。最近の研究から、腸内は人体の免疫細胞の約7割が集中する免疫器官であり、脳に匹敵するほどの神経細胞が集まり、自律神経をはじめ生命の根源となる機能を担っていることが明らかになってきました。元気で充実した毎日を過ごすために、おなかの調子は要チェックです！

下痢の主な原因と対処法

　基本的に、下痢は、体に入ったウイルスや病原菌を体の外に出すための正常な防御反応です。そのため、無理に薬で止めることはよくないと言われています。なぜ下痢になったのか、原因を突き止め、改善策を考えていきましょう。

	原因	対処法
食べすぎ	食べすぎは、消化不良を起こし下痢になります。	食べすぎは控えましょう。
ストレス	一過性のものなら、心配はありません。	1〜2日様子をみて、治まる傾向ならそのままで大丈夫。深い深呼吸（腹式呼吸）を行ったり、心身がリラックスできる時間を作ったりしましょう。
冷え	腸をコントロールする神経がおなかの冷えにより刺激を受けて、腸が異常収縮してしまうのが原因。	冷たい飲み物、食べ物を避け、体の芯から温まる食事が大切。
食品添加物	ノンシュガー食品、合成甘味料、食品添加物の多く入った食品などの作用で、腸に水分がたまりすぎるのが原因。	添加物の多い食品をできるだけ避けましょう。

便秘の主な原因と対処法

　便秘とは、「自分で満足できる排便がない状態」です。2〜3日間隔でも、スムーズに排便しスッキリするなら、便秘ではありません。歯みがき粉のような半練り状、またはバナナ状（水分が7〜8割）で、色は茶色系か緑色系、バナナぐらいの大きさのものが1〜2本分排泄されれば理想的です。ちなみに、安易に便秘薬に頼るのはダメ！　根本から便秘を解消するには、便秘になりやすい生活習慣を改善することが必要です。

原因	対処法
年齢や環境の変化による腸内細菌バランスの悪化	食生活を見直しましょう。
ストレス	睡眠、食事など生活習慣を見直して。心をリラックスすることも大切。
我慢のしすぎ	排便のタイミングを逃すと水分が抜けて、ますます強固な便秘になる恐れも。便意は我慢せず、すぐトイレへ。
睡眠不足	自律神経が乱れないように、夜更かしは避けて。
ダイエットや小食	便のもととなる食物繊維をしっかり摂りましょう。特に一日のリズムを生み出す朝食はしっかり摂って。

chapter_07 病気の理解とその対応の保健指導　小学校用資料

めまいを感じたら…

頭がクラクラしたり、ふわっと浮き上がって気もち悪くなったりしたことはありませんか。それが「めまい」です。わたしたちの体には、姿勢のバランスを保つ機能が備わっています。この機能に異常があると、「めまい」がおこります。原因は、耳や脳、神経の異常、血圧に関係する全身の病気、ストレスなどさまざまです。

めまいをみてもらうときは…

めまいを治療するには、専門的な知識をもったお医者さんにみてもらいます。

脳に異常がある場合

下のような症状がある場合は、命の危険（脳卒中や脳梗塞）があるので、すぐに救急車を呼びましょう。

- ☑ 激しい頭痛 ▶ くも膜下出血の危険があります。
- ☑ 首のつけ根の痛み ▶ 動脈解離の危険があります。
- ☑ 片方の手足・顔のしびれや麻痺 ▶ 脳梗塞または脳出血の危険があります。
- ☑ くり返す激しいおう吐 ▶ 小脳での脳出血の危険があります。
- ☑ 意識がなくなる ▶ 脳梗塞または脳出血の危険があります。

耳の異常の場合

耳は音を聞く働きのほかに、体のバランスを保つ働きもあります。このため、耳に異常が生じると、主に回転性のめまい（まわりが回って、ふらふらする感じ）がおこります。耳鳴りや吐き気・おう吐などの症状が現れることもあります。そんなときは「耳鼻咽頭科」へ行きましょう。もし「めまい外来」などがあれば、そちらを受診しましょう。

めまいの処置

①動かずに休む

めまいは、体のバランス（平衡感覚）がおかしくなっている状態です。無理に動くと転ぶ恐れもあります。衣服をゆるめ、動かずにいましょう。階段の途中では、その場でしゃがみ、手すりにもたれて休みましょう。落ち着いたら上の階に。階段を下りようとすると踏み外す危険があるからです。

②薬（めまい止め）を飲む

お医者さんからの薬をもっている人は、いつももち歩き、急な発作に備えましょう。

③横になって休む

近くにベッドやソファーなどがある場合には横になって休みましょう。つぎのようなことに気をつけて、できるだけ心と体を休めましょう。

- ●暗くする…目に入る刺激を減らします。テレビやパソコンなども消すようにしましょう。
- ●頭を動かさない…頭を動かすと、平衡感覚がさらに乱れてしまいます。
- ●静かなところで休む…音による刺激を減らします。
- ●おう吐に備える…洗面器（ビニール袋）や水などをそばにおいて、おう吐に備えましょう。

めまいを感じたら…

　私たちの体には、姿勢のバランスを保つ機能が備わっています。この機能に異常があると、めまいが起こります。原因は、耳や脳、神経の異常、血圧の変動に関係する全身の病気、ストレスなどさまざまです。

めまいを診てもらうときは…

　めまいを治療するには、専門的な知識をもった医師に診てもらう必要があります。

脳に異常がある場合

下のような症状がある場合は、すぐに救急車を呼びましょう。

- ☑ 激しい頭痛 ▶ くも膜下出血の危険があります。
- ☑ 頸の付け根の痛み ▶ 動脈解離の危険があります。
- ☑ 片方の手足・顔のしびれや麻痺 ▶ 脳梗塞または脳出血の危険があります。
- ☑ 繰り返す激しいおう吐 ▶ 小脳での出血の危険があります。
- ☑ 意識がなくなる ▶ 脳梗塞または脳出血の危険があります。

耳の異常の場合

　耳は音を聞く働きのほかに、体のバランスを保つ働きもあります。このため耳に異常が生じると、主に回転性のめまいが起こります。耳鳴りや吐き気・おう吐などの症状が現れることもあります。そんなときは「耳鼻咽頭科」へ。もし「めまい外来」などがあれば、そちらを受診しましょう。

めまいの処置

①動かずに休む

　めまいは平衡感覚が乱れている状態です。無理に動くと転倒する恐れもあります。衣服を緩め、一定の姿勢で安静を保ちましょう。階段の途中では、その場でしゃがみ、手すりにもたれて休みましょう。落ち着いたら上の階に。階段を下りようとすると踏み外す危険があるからです。

②薬（めまい止め）を飲む

　すでに処方されている薬を持っている人は、常に持ち歩き、急な発作に備えましょう。

③横になって休む

　近くにベッドやソファーなどがある場合には横になって休みましょう。できるだけ刺激の少ない場所で、安静にし、次のようなことに気をつけましょう。

暗くする	頭を動かさない	静かな所で休む	おう吐に備える
目に入る刺激を減らします。テレビやパソコンも消すようにしましょう。	頭を動かすと、平衡感覚がさらに乱れてしまいます。	音による刺激を減らします。	洗面器（ビニール袋）や水などをそばにおいて、おう吐に備えましょう。

耳のチェック

　めまいの原因として、メニエール病や突発性難聴の可能性もあります。突発性難聴は早く治療を開始するほど治りやすくなります。次のような症状がある場合は、できるだけ早く耳鼻科へ行きましょう。
- □耳鳴りがする
- □耳の閉塞感がある
- □聞こえづらい

中学・高校用資料

chapter_07 病気の理解とその対応の保健指導

chapter_08
その他の保健指導

- ☑ 姿勢について
- ☑ 姿勢について
- ☑ 下着を着て、一年中健康にすごそう
- ☑ まじめな下着の話
- ☑ 肥満とやせ
- ☑ 肥満とやせ
- ☑ スマホの健康被害
- ☑ スマホの健康被害
- ☑ 体と心の不思議な関係
- ☑ LGBTの基礎知識
- ☑ 乗りもの酔いを予防しよう
- ☑ ストップ・ザ・乗り物酔い
- ☑ 人工妊娠中絶の話
- ☑ ピアスを使う前に
- ☑ デートDV

chapter_08
その他の保健指導

小学校用資料

姿勢について

姿勢が悪いと見た目の印象が悪いだけではなく、視力が低下したり、勉強がはかどらなかったり、さまざまな悪影響が出てきます。また、集中力が低下してスポーツで活躍できなかったり、歯並びが悪くなったりすることにも関係していることがわかってきています。「たかが姿勢」と軽く考えず、正しい姿勢になるよう取り組みましょう。

自分の姿勢を見てみよう!

姿勢を簡単にチェックするには、頭と骨盤の位置を見ることが大切です。鏡に映った自分の姿を確認してみましょう。

正しい姿勢

正しい姿勢とは、骨盤が立っていて、腰はゆるやかに前側に反っている状態です。この姿勢なら、背骨に負担がかからないため、背骨のなかを通る神経の束が影響を受けにくくなります。そのため、知覚神経・運動神経・自律神経といった神経が正常に信号を伝えることができるのです。

\POINT!/
耳の穴
肩の中央
くるぶし
を結んだ
線が一直線

猫背

頭が前に出て、背中が丸まっている状態が「猫背」です。こうした姿勢で背骨に負担をかけつづけると、体の不調の原因になります。また、重たい頭や腕を支えるとき、姿勢が悪いと筋肉を使って支えることになるため、首のこりや肩こり、緊張性頭痛といった筋肉の不調にもつながります。

姿勢が悪いと、こんな問題が…!

●肩が前にくることで胸が広がりにくくなります。そのため、酸素を取り込む量が減ってしまいます。つまり、呼吸が浅くなり、脳の働きに影響が出てしまいます。

●関節の動きが限られてしまいます。無理に体を動かそうとすると、関節を痛めやすくなり、椎間板ヘルニアになりやすい状況にもなってしまいます。

●肩こりや腰痛をおこしやすくなります。
●疲れやすく、集中力がつづかなくなるため、勉強やスポーツで成果が出にくくなります。

姿勢の治し方

実は、座ったときの姿勢を良くすると、立っているときの姿勢も良くなります。座ったときの姿勢を直すために、つぎの座り方を試してください。

❶あごをひく。
❷背筋を伸ばす。
❸イスの奥まで深く腰かける。
❹膝の角度が90度になるように。
❺足のうらがしっかり床につく。

中学・高校用資料　chapter_08　その他の保健指導

姿勢について

「姿勢を正しなさい」「背筋を伸ばしなさい」と言われていませんか。実は、姿勢が悪いと見た目の印象が悪いだけではなく、視力が低下したり、学習能率を低下させたり、さまざまな悪影響が出てきます。また、集中力の低下やスポーツへの影響、また歯並びなどとも密接に関係していることがわかってきています。「たかが姿勢」と軽視せず、正しい姿勢が身につくよう、今から「正しい姿勢」を意識しましょう。

まずは、セルフチェック！

姿勢を簡単にチェックする方法は頭と骨盤の位置を見ることです。鏡に映った自分の姿を確認してみましょう。

正しい姿勢 ○

正しい姿勢とは、骨盤が起立していて、腰は緩やかに前側に反る状態です。この姿勢なら、背骨に負担がかからないため、背骨の中を通る神経の束が影響を受けにくくなります。そのため、知覚神経・運動神経・自律神経といった神経が正常に信号を伝えることができるのです。

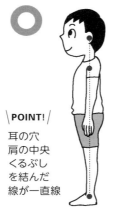

POINT！
耳の穴
肩の中央
くるぶし
を結んだ
線が一直線

猫背 ×

頭が前に出て、背中が丸まっている状態が「猫背」です。こうした姿勢で背骨に負担をかけ続けると、体の不調の原因になります。また、重たい頭（大人で約5kgもあります！）や腕を支える際、姿勢が悪いと筋肉を使って支えることになるため、首のこりや肩こり、緊張性頭痛といった筋肉の不調にもつながります。

姿勢が悪いと、こんな問題が…！

- 肩が前にくることで胸郭が広がりにくくなり、その結果、酸素を摂取する量が減ってしまいます。つまり、呼吸が浅くなり、脳の働きに影響が出てしまいます。
- 本来動かせる範囲の関節の動きが制限されてしまいます。無理に体を動かそうとすると、関節を痛めやすくなり、椎間板ヘルニアになりやすい状況にもなってしまいます。
- 肩こりや腰痛を起こします。
- 疲れやすく、集中力が続かなくなるため、勉強やスポーツで成果が出にくくなります。

姿勢の治し方

実は、座ったときの姿勢を良くすると、立っているときの姿勢も良くなります。座ったときの姿勢を直すために、次の座り方を試してください。

①背筋を伸ばして、前かがみの姿勢でイスに座る。
②そのままの姿勢で、背もたれにつくまでおしりを引く。
③そのまま上体を起こす。

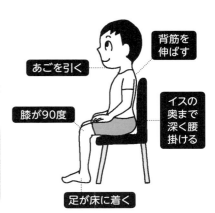

あごを引く / 背筋を伸ばす / 膝が90度 / イスの奥まで深く腰掛ける / 足が床に着く

下着を着て、一年中健康にすごそう

「暑いから下着（インナー）を着ない」「腹巻は、ダサいからイヤ」なんて人、いませんか？　でも、下着には体を健やかに保ってくれる働きがたくさんあります。上手に下着を活用して、一年中、健康にすごしましょう。

夏の下着で快適にすごそう

実は、下着は、暑い夏の日に大活躍してくれるアイテムの一つです。昔からある綿の下着は汗を吸い取ってくれますし、肌触りも良く快適にすごせます。最近は、体の熱をすばやく逃がしてくれる涼感タイプや、汗を吸い取った後、すぐ乾く素材のインナーも多く出回っています。そのほか、汗のにおいを抑える効果、菌が増えないようにする効果など、さまざまな働きのある下着もあります。エアコンの効いた室内や車内で、冷えすぎを防止するのにも役立ちますから、夏もぜひ下着を着る習慣を身につけましょう。

冷え冷えの女の子へ

女の子の場合、おなかは子宮を守るための大切な役割をしています。おなかが冷えて、月経痛や月経不順などにつながらないように、腹巻やタイツなどでしっかり防寒しましょう。ただし、サイズの合わない下着は、血行を妨げて、かえって冷えを招く原因になります。パンツやオーバーパンツ（重ね着用のパンツやブルマー）のゴムの跡が残るようなら、体が大きくなって、下着のサイズが小さすぎるのかも。脚のつけ根には、下半身の血液循環の要となる大きな血管（大腿動脈）が通っていますから、きつすぎる下着で血液の循環を妨げるのはやめましょう。

冬の下着は保温に役立つ

冬の下着は、ズバリ、体を温めることに役立ちます。下着を着ると、衣類と衣類との間に空気の層が生まれ、そこに熱がたくわえられるからです。空気は熱を伝えにくく、寒さを防いでくれるのです。

体の冷えやすい人におすすめなのは、腹巻やオーバーパンツです。実は、人間の体は、冷えを感じるときは、上半身よりもおなかや下半身のほうが冷えています。体のなかの血液は、重力のために約70％が下半身に集中しています。そのため、冷え性改善には、下半身を温めることが重要なのです。体の冷えからかぜをひきやすい人、おなかを壊しやすい人などは、下着を活用して保温対策をしましょう。

快適な素材を選ぼう

下着は肌に直接触れるものなので、素材が肌に合わないと肌荒れをおこしてしまいます。綿やシルクなどのほか、保温性に優れた新素材なども市販されています。肌触りが良い素材を選び、繊細な肌を守りましょう。汗をかきやすい人は、下着に吸放湿性のある素材を選ぶとよいでしょう。汗をかいてもすぐに吸収し、乾かしてくれます。

まじめな下着の話

「暑いから下着（インナー）を着ない」「腹巻やオーバーパンツは、ダサいからイヤ」なんて人、いませんか？　でも、下着には体を健やかに保ってくれる働きがたくさんあります。上手に下着を活用して、ぜひ体調管理に役立てましょう。

夏の下着で快適に過ごそう

実は、下着は、暑い夏の日に大活躍してくれるアイテムの一つです。昔からある綿の下着は汗を吸い取ってくれますし、肌触りも良く快適に過ごせます。最近は、体の熱をすばやく逃がしてくれる涼感タイプや、汗を吸い取った後、すぐ乾く素材のインナーも多く出回っています。そのほか、防臭効果、伸縮性、抗菌効果などさまざまな機能性をもっている下着もあります。エアコンの効いた室内や車内で、冷えすぎを防止するのにも役立ちますから、夏もぜひ下着を着る習慣を身につけましょう。

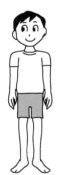 

冷え冷え女子の皆さんへ

女子の場合、お腹は子宮を守るための大切な役割をしています。お腹が冷えて、月経痛や月経不順などにつながらないように、腹巻やタイツなどでしっかり防寒しましょう。ただし、きついガードルやサイズの合わない下着など、体をしめつける衣類は、血行を妨げて、かえって冷えを招く原因になります。脚のつけ根には、下半身の血液循環の要となる大腿動脈が通っていますから、きつすぎる肌着で下半身への血液循環を妨げるのはやめましょう。

冬の下着は保温に役立つ

冬の下着は、ズバリ、保温対策に役立ちます。下着を着ることによって、衣類と衣類との間に空気の層が生まれ、そこに熱が蓄えられるからです。空気は熱を伝えにくい最良の断熱材なのです。

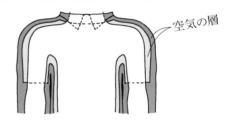

空気の層

体の冷えやすい人にお勧めなのは、腹巻やオーバーパンツ（ショーツの上から重ね履きするパンツ）です。人間の体は冷えを感じるときは、上半身よりもお腹や下半身のほうが冷えています。体の中の血液は、重力のために約70％が下半身に集中しています。そのため、冷え性改善には下半身を温めることが重要です。体の冷えからかぜをひきやすい人、お腹を壊しやすい人などは、下着を活用して保温対策をしましょう。

快適な素材を選ぼう

下着は肌に直接触れるものなので、素材が肌に合わないと肌荒れを起こしてしまいます。肌触りが良い素材を選び、繊細な肌を守りましょう。綿やシルクなどの自然素材は、さらりとした肌触りで吸水性も優れています。汗をかきやすい人は、下着に吸放湿性のある素材を選ぶとよいでしょう。汗をかいてもすぐに吸収し、乾かしてくれます。素材は、綿やシルクなどのほか、保温性に優れたタイプ、体から出る水分を吸収して、生地自らが熱を生み出す吸湿発熱機能を持った新素材なども市販されています。快適に過ごせるように、自分に合った下着を考えて選びましょう。

chapter_08
その他の保健指導

小学校用資料

肥満とやせ

最近の子どもたちは、太り気味の子とやせ気味の子に二極化する傾向が見られます。太りすぎているのも、やせすぎているのも、これからの健康が心配です。ずっと健康にすごせるよう、自分自身の体と生活を見直しましょう。

増える肥満

肥満の原因としてまずあげられるのが、運動不足です。この20年間で、子どもの体力・運動能力が低下しつづけている調査結果も報告されていますが、「運動不足→体力・運動能力の低下」がわかります。子どもの肥満は生活習慣病のリスクが高まります。また、子どもの時期に肥満していると、大人になっていざやせようと思ってもなかなかやせることができません。小学生の今は、思いっきり体を動かして体力をつけながら太らないよう気をつけましょう。

女子に多いやせ

肥満する子がいる一方で、やせ気味の子どもたちも増えています。さまざまなアンケート調査によると、圧倒的に女子に「やせたい」と思う人が多いようです。でも、体が大きくなるこの時期のダイエットは、それ以降の体調に大きく影響します。たとえば、子どものうちから無理なダイエットをすると、骨がうまく成長せず、骨粗鬆症（骨がスカスカになってしまう病気）になってしまうかもしれません。また、ホルモン分泌がうまくいかないため、月経不順や不妊（赤ちゃんが生めなくなる）の原因にもなります。体が急成長する高学年〜中学生・高校生は、男女ともにおなかがすく時期です。たっぷり食べるのは当然です。それだけ、体の成長に栄養が必要とされています。健康な一生を送るための体づくりをするこの時期には、運動しながらバランスよく栄養をとりましょう。

食生活の注意　とりすぎに注意したい成分

脂質　とりすぎると、肥満、メタボリックシンドローム、糖尿病などの生活習慣病の原因になります。

対策
- 揚げものや脂っこいものばかり食べない
- スナック菓子、肉、魚などに含まれる「見えないあぶら」もとりすぎない

食塩　とりすぎると、高血圧や胃がんになりやすくなることが知られています。一日にとる量は、成人の男性は8g未満、女性は7g未満がよいとされています。成長の途中にある中学生・高校生は、それよりも少なめに抑えるとよいでしょう。

対策
- 塩辛い食品をひかえる
- 麺類の汁を残す
- 味つけに香辛料や酢、かんきつ類などを利用して、塩分をとりすぎないよう工夫する

肥満とやせ

最近の子どもたちは、太り気味の子とやせ気味の子に二極化する傾向が見られます。太りすぎているのも、やせすぎているのも、これからの健康が心配です。自分自身の体と生活を見直し、健康に対する意識を高めましょう。

増える肥満

肥満の原因としてまず挙げられるのが、運動不足です。この20年間で、子どもの体力・運動能力が低下し続けている調査結果も報告されていますが、「運動不足→体力・運動能力の低下」がわかります。子どもの肥満は、高血圧や糖尿病、心臓病など生活習慣病のリスクも高まります。また、子どもの時期に肥満していると、大人になっていざやせようと思ってもなかなかやせることができません。思いっきり身体を動かして体力をつけながら太らないよう気をつけましょう。

女子に多いやせ

肥満する子がいる一方で、やせ気味の子どもたちも増えています。さまざまなアンケート調査によると、圧倒的に女子に痩身願望が強く、中学以降が目立ちます。成長期で身体に変化が訪れる思春期のダイエットは、それ以降の体調に大きく影響します。一般的に20歳前後にピークを迎える骨量は、それ以降は増えにくくなり、減少に向かいますが、思春期にダイエットをすると、骨の成長がうまくいかず、骨粗鬆症の恐れが出てきます。特に、女性は骨粗鬆症になる場合が多く、また、ホルモン分泌がうまくいかないため、月経不順や不妊の原因にもなります。身体が急成長するこの頃は、男女ともにお腹がすいてたまらない時期です。一日に3食以上食べるのは当然。それだけ、身体の成長に栄養が必要とされています。健康な一生を送るための身体づくりをするこの時期には、運動しながらバランスよく栄養を摂りましょう。

食生活の注意

（摂りすぎに注意したい成分）

脂質

摂りすぎると、肥満、メタボリックシンドローム、糖尿病などの生活習慣病の原因になります。

対策
- 揚げ物や脂っこいものばかり食べない
- スナック菓子、肉、魚などに含まれる「見えないあぶら」も摂りすぎない

食塩

摂りすぎると、高血圧や胃がんになりやすくなることが知られています。一日にとる量は、成人の男性は8g未満、女性は7g未満がよいとされています。成長の途中にある中学生・高校生は、それよりも少なめに抑えるとよいでしょう。

対策
- 塩辛い食品を控える
- 麺類の汁を残す
- 味付けに香辛料や酢、かんきつ類などを利用して、塩分を摂りすぎないよう工夫する

スマホの健康被害

おうちの人がスマートフォンを使っている様子を見て、「自分もスマホがほしいな」「使ってみたいな」と思っている人も多いでしょう。でも、使い方が悪ければ、健康に悪いこともおきてしまいます。便利で楽しい道具だからこそ、スマホとの正しいつき合い方を知っておくことが大切です。

視力への影響

スマホの小さな画面に表示される文字は、とても小さいです。小さな文字を見つづけると、目が非常に疲れ、ストレスがたまります。いま裸眼視力1.0未満の子どもの割合は30％と、過去最高になっています。視力が悪くなるほか、ドライアイ（目が乾いてしまう症状）、頭痛、目のかすみなども心配です。それらを防ぐために、目に合ったメガネを使うこと、瞬きをするなどが大切です。目が乾いたら目薬も上手に利用しましょう。

生活リズムの乱れ

スマホの画面からはブルーライトという光が出ています。この光は、睡眠のリズムを狂わせてしまいます。朝の太陽の光とよく似ているため、夜なのに脳が活性化し、目ざめさせてしまうからです。実際、寝る直前までスマホを使用していると、眠りにくくなってしまいます。できれば、寝る1時間前にはスマホを使うのをやめるようにしましょう。また、スマホに夢中になって夜ふかしすると、寝不足になり、翌朝起きるのがつらくなります。

スマホと姿勢

スマホを使っている人の姿勢を見てみましょう。猫背になっている人が多くありませんか？猫背は見た目が悪いだけでなく、肩こりや頭痛、血行不良なども引きおこします。また、首も、かなり疲れます。ふつう、スマホを使っているときはあごをひいて下を向くため、カーブしているはずの首が真っすぐになってしまいます。これを「ストレートネック」と言います。首が真っすぐになってしまうことで、頭痛やめまい、吐き気、手のしびれといった症状が出ることがあります。このような症状が出ないように、スマホを使うときは姿勢に気をつけたり、首まわりや肩甲骨のストレッチをしたりすることが大事だと覚えておきましょう。

歩きスマホは危険！

歩いているときも、スマホに夢中になっていたら、どんなことがおこるでしょうか。実際に、「歩きスマホ」が原因で、横断歩道を渡っている最中に交通事故に巻き込まれたり、駅のホームで電車に接触してケガをしたり、死亡したりするという事故がおきています。歩きスマホは、本当に危険です。

中学・高校用資料　chapter_08　その他の保健指導

スマホの健康被害

「便利で楽しい道具」と人気のスマートフォン。でも、使い方が悪ければ、思わぬ健康被害を生んでしまいます。現代を生きる私たちにとって役に立つ道具だからこそ、スマホとの正しいつきあい方について、考えることが大切です。

歩きスマホは危険！

歩いているときも、スマホに夢中になっていませんか。そんな「歩きスマホ」が原因で、横断歩道を渡っている最中に交通事故に巻き込まれたり、駅のホームで電車に接触してケガをしたり、死亡したりするという事故が実際に起きています。「歩きスマホ」は、危険です。公共のマナーや安全も考えて、スマホを上手に使えるようになりましょう。

視力への影響

慣れてしまうと、あまり感じないかもしれませんが、スマホの小さな画面に表示される文字は、とても小さいのです。小さな文字を見続けると、目が非常に疲れ、ストレスがたまります。いま裸眼視力1.0未満の子どもの割合は30％と、過去最高になっている状況があります。視力低下のほか、ドライアイ、頭痛、目のかすみなども心配です。それらを防ぐために、目に合ったメガネを使うこと、意識的に瞬きをすること、目薬で目のうるおいを補うことなどが大切です。

生活リズムの乱れ

スマホの画面からはブルーライトという光が出ています。この光は、睡眠のリズムを狂わせてしまいます。朝の太陽の光とよく似ているため、夜なのに脳が活性化し、目覚めさせてしまうからです。実際、寝る直前までスマホを使用していると、眠りにくい状態を作ってしまいます。できれば、寝る1時間前にはスマホを終了するのがベストです。

また、スマホに夢中になって夜更かしすると、寝不足になり、翌朝起きるのがつらくなります。生活リズムが乱れないように、スマホのON／OFF時間を自分で決めて、上手にスマホとつきあっていきましょう。

スマホと姿勢

スマホを使っているとき、つい猫背になっていませんか？　猫背は見た目が悪いだけでなく、肩こりや頭痛、血行不良なども引き起こします。首にも、かなり負担がかかります。通常、スマホを使っ

ているときはあごをひいて下を向くため、カーブしているはずの首が真っすぐになってしまいます。これを「ストレートネック」と言います。首が真っすぐになってしまうことで、頭痛やめまい、吐き気、手のしびれといった症状が出ることがあります。こうした健康被害で困らないように、姿勢に気をつけたり、首周りや肩甲骨のストレッチをしたりすることが大切です。

chapter_08
その他の保健指導

小学校用資料

体と心の不思議な関係

誰かを好きになったことはありますか？ 誰かを好きだと思う気もちは自然なもので、とてもステキなものです。そんな「好き」という気もちと体の関係について考えてみましょう。

いろいろな人がいる

昔は、好きになる相手は「異性である」のが普通と考えられていました。しかし今は、LGBTといわれる人や、性別違和の人など、さまざまなタイプの人がいることが知られています。だから、「男同士なのに、ドキドキする」「わたしは女の子だけど、同性の友だち（女の子）が気になる」「男だけど、スカートをはきたい」「女の子らしくしなさいって言われるのが、嫌で仕方ない」と思う人がいても、それは悪いことでも、特別変なことでもありません。

LGBTってなあに？

みなさんは、LGBTという言葉を聞いたことがありますか？ LGBTとは、レズビアン（L）、ゲイ（G）、バイセクシュアル（B）、トランスジェンダー（T）の頭文字をとった性的少数者を表す言葉です。それぞれ、自分らしい「好き」の気もちをもっています。今、日本でも世界の国々でも、誰もが自分らしく生きることを認め合う社会を目ざしており、LGBTに対する理解も少しずつ深まってきています。

差別をなくすために

LGBTの人のように、どうして同性の友だちを好きになるのか、自分の体と心がピッタリせず、モヤモヤした気もちになるのか、その原因ははっきりしていません。日本にも、LGBTの人がいます。しかし、「わたしはこれまでLGBTの人に会ったことがない」「自分のまわりでは見かけたことがない」という人々が大勢います。それは、LGBTの人が周囲から、変な目で見られたり、からかわれたりするのが嫌で、本当のことをまわりに打ち明けられないからでしょう。なかには、自分を認められなかったり、まわりの目を気にして悩んだりして、不登校になったり自殺を考えたりするなど、辛い毎日を送っている人もいるかもしれません。世のなかには、さまざまな人がいます。そうした人と人との違いを受け入れ、お互いに尊重することは、人間としてとても大切な姿勢です。それが差別をなくし、誰もが自分らしく生きられる幸せにつながるからです。

知っておきたい言葉と意味

LGBTなどさまざまな人々について考えるときに使う言葉を紹介します。

レズビアン	女性に「好き」の気もちを感じる女の人。
ゲイ	男性に「好き」の気もちを感じる男の人。
バイセクシュアル	男性にも女性にも「好き」の気もちを感じる人を指す。両性愛者。
トランスジェンダー	自分の体と心の性別に違和感をもつ人。

LGBTの基礎知識

LGBTという言葉を聞いたことがありますか？ LGBTとは、レズビアン（L）、ゲイ（G）、バイセクシュアル（B）、トランスジェンダー（T）の頭文字をとった性的少数者を表す言葉です。現在、日本も含め世界の国々では、誰もが自分らしく生きることを認め合う社会を目指しており、LGBTに対する理解も少しずつ深まってきています。

多様な性について考えよう

思春期になると、体が変化し、心も敏感になります。恋をする人も多いでしょう。誰かを好きだと思う感情は自然なもので、とてもステキなものです。昔は、その相手は「異性である」のが普通と考えられていました。しかし今は、LGBTといわれる性的少数者や、自分の体と心が一致しない性別違和の人など、さまざまなタイプの人が存在することが知られ、「性のありかたは多様である」という考え方が少しずつ広がっています。

差別をなくすために

何が性指向（好み）を決定するのか、その要因ははっきりしていません。日本では、LGBTの割合は、50人に1人とも、20人に1人とも言われています。にもかかわらず、日本では「私はこれまでLGBTの人に会ったことがない」「自分のまわりでは見かけたことがない」という人々が大勢います。それは、LGBTの人が周囲から好奇や偏見の目で見られたり、からかわれたり、批判されたりするのを避けるために、本当のことを周囲に打ち明けられないからでしょう。中には、自分自身を認めにくかったり、まわりの目を気にして悩んだりした結果、不登校になったり自殺を考えたりするなど、辛い毎日を送っている人もいるかもしれません。世の中には、さまざまな人がいます。そうした人と人との違いを受け入れ、お互いに尊重することは、性のことに限らず、人間としてとても大切な姿勢です。それこそが差別をなくし、誰もが自分らしく生きられる幸せにつながるからです。

知っておきたい言葉と意味

- レズビアン… 女性の同性愛者。
- ゲイ… 主に男性の同性愛者。
- バイセクシュアル… 2つのジェンダー（男性と女性）に性的魅力を感じる人を指す。両性愛者。
- トランスジェンダー… 体と心の性別に違和感や不一致をもつ人。体の性とは異なる性を生きる人。性別越境者とも言われる。
- 異性愛者（ヘテロセクシュアル）… 性指向が異性に向く人々。
- 同性愛者（ホモセクシュアル）… 性指向が同性に向く人々。「ホモ」や「レズ」という短縮した言い方は、蔑称だと受け取られることが多い。

chapter_08
その他の保健指導

小学校用資料

乗りもの酔いを予防しよう

せっかくの旅行や遠足も、乗りもの酔いが心配だと、思いっきり楽しめませんよね。不安な思いをせずに旅行を楽しめるように、乗りもの酔いのメカニズムと対策について紹介します。

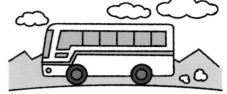

乗りもの酔いとは?

乗りものに乗ると、小さな揺れをたくさん感じます。すると、耳の奥にある「三半規管」という体の傾きを司る器官に刺激が加わり、自律神経のバランスが崩れてしまいます。この自律神経のバランスが崩れた状態を「自律神経失調症」と呼び、乗りもの酔いもその状態のひとつだと考えられています。また、睡眠不足や疲れがたまっているときや、自分は乗りもの酔いしやすいという思いこみや心配事などのストレスがあるときも、乗りもの酔いを引きおこしやすいと言われています。

乗りもの酔いの薬は?

一般用の酔い止め薬には子ども用と大人用があります。含まれる薬の成分が同じで量が違う薬、成分そのものを変えている薬もあります。対象年齢と成分を確認しましょう。

乗りもの酔い予防

乗りもの酔いを予防するには、前日から準備しておくことも大事。次のことに注意して乗りもの酔いを防ぎましょう。

- 前日にしっかり睡眠をとる。
- 消化の良いものを食べて、脂っぽいものは控える。
- 揺れの少ない場所に座る(バスなら運転席の近く、船なら中央のあたりの席)。
- 近くではなく、変化が少ない遠くの景色を眺める。
- 乗りもの酔いの薬をあらかじめ飲んでおく。

※酔い止め薬は気分が悪くなった後でもすぐに飲めば効果がありますが、乗りものに乗る30分から1時間前に飲むのが最も効果的だと言われています。

先輩からのアドバイス!

「こうしたら、よくなったよ」という体験談を紹介します。

- 朝ごはんを食べすぎない。
- 遠くの景色を見る。
- 目を閉じるのがおすすめ。
- ひたすら眠る。眠っていれば酔わない。
- シートを倒すか、または横になる。
- 窓を開け、冷たい風にあたる。
- 吐き気があるときは我慢せず吐く。

中学・高校用資料　chapter_08 その他の保健指導

ストップ・ザ・乗り物酔い

せっかくの遠出でも、乗り物酔いが心配だと、思いっきり楽しめませんよね。不安やトラブルなしに旅行や外出を楽しめるように、乗り物酔いのメカニズムと対策について紹介します。

乗り物酔いとは？

乗り物に乗ると、一定ではないさまざまな揺れを感じます。すると、耳の奥にある「三半規管」という身体の傾き（平衡感覚）を司る器官に複雑な刺激が加わり、自律神経のバランスが崩れてしまいます。この自律神経のバランスが崩れた状態を「自律神経失調症」と呼び、乗り物酔いもその状態の一種だと考えられています。また、睡眠不足や過労などの健康状態、自分は乗り物酔いしやすいという思いこみや不安感、心配事などの精神的なストレス、スピードやカーブ等の視覚刺激、苦手な臭いなど嗅覚刺激も、乗り物酔いを引き起こすと言われています。

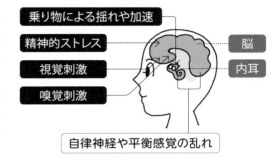

乗り物酔い予防

乗り物酔いの予防には、前日から準備しておくことも大事。以下に注意して乗り物酔いを防ぎましょう。

- 前日にしっかり睡眠をとる。
- 消化の良いものを食べて、脂っぽいものは控える。
- 揺れの少ない場所に座る（バスなら運転席の近く、船なら中央のあたりの席）。
- 近くではなく、遠くの変化が少ない景色を眺める。
- 乗り物酔いの薬をあらかじめ飲んでおく。

乗り物酔いの薬は？

一般用の酔い止め薬には子ども用と大人用があります。含まれる薬の成分が同じで量が違う薬、成分そのものを変えている薬もあります。対象年齢と成分を確認しましょう。錠剤・液剤・チュアブル剤（口の中ですぐに溶けるタイプ）などいろいろあります。チュアブル剤は、持ち運びしやすく水なしでも飲めるので便利です。自分の体質にあった薬を選びましょう。

経験者からのアドバイス！

- 運転手が酔わないのは、カーブなど進行方向にあわせて体を動かしているから。だから、自分が運転している気分でカーブを予測し、曲がる方向に軽く体を傾けるといいと思います。
- 目を閉じるか、サングラスをかけるのがおすすめ。
- ひたすら眠る。眠っていれば酔わない。
- シートを倒すか、または横になる。
- 窓を開け、冷たい風にあたる。
- 吐き気があるときは我慢せず吐く。

人工妊娠中絶の話

日本では、年間 18 万件、20 歳未満では 1 万 6 千件もの人工妊娠中絶が行われています。（※）人工妊娠中絶を経験すると、女性の心にも体にも大きな影響が及びます。パートナーとの関係やそれぞれの将来も、変わってくるかもしれません。辛く悲しい思いをしないために、パートナーともよく話し合い、人工妊娠中絶について正しい知識を学んでおきましょう。

※平成 27 年度厚生労働省「衛生行政報告例」より

人工妊娠中絶とは

人工妊娠中絶とは、やむを得ない理由で妊娠を継続できなくなった場合に、医療機関で妊娠を中断する方法です。命に関わる問題でもあるので、母体保護法という法律によって条件や時期などが決められており、誰でも自由に中絶できるわけではありません。母体保護法では、母体の健康上・経済上の理由で妊娠継続が困難な場合か、性的暴行や脅迫の被害による妊娠の場合に、中絶手術を受けられると定められています。また、妊娠 22 週を過ぎた場合、どんな理由があっても中絶はできません。人工妊娠中絶ができるリミットは 21 週 6 日までです。

中絶手術について

中絶手術の方法は、妊娠週数によって違います。

初期中絶の場合

11 週 6 日までに行う中絶手術を「初期中絶」と言います。静脈麻酔をかけて、腟から器具を入れて子宮の中身を掻き出す「掻把（そうは）法」か、器械で吸い出す「吸引法」を行います。出産の未経験者の場合、子宮の出口である子宮頸管が閉じているので、手術の前に子宮頸管をある程度拡げるための前処置が必要です。手術は 10 分程度で終わるため、日帰りまたは 1 泊入院の手術です。

中期中絶の場合

12 週を過ぎてから行う中絶手術を「中期中絶」と言います。初期中絶とは異なり、薬で陣痛を起こしてお産のように産みおろす方法です。初期中絶よりも大変な前処置や術後の安静も必要なので、4〜5 日の入院になる場合もあります。中絶後は、胎児の火葬の手配が必要で、死産証明書を役所に提出しなければいけません。

人工妊娠中絶の影響について

体への影響

中絶によってホルモンバランスが乱れ、月経不順や無月経などの月経異常が起こることがあります。また初期中絶の場合、手探りで手術するため胎盤の一部が残ったり、子宮が傷ついたりする危険もあります。子宮や卵管が感染症などで炎症を起こすと、不妊症や子宮外妊娠の原因となる恐れもあります。妊娠中期の中絶では、子宮収縮剤の影響で子宮破裂を起こすこともあります。

心への影響

罪悪感や後悔の気持ちがストレスとなって、長い間苦しむ女性は少なくありません。また、パートナーとの気持ちの行き違いから、男性不信におちいる女性もいます。こうした心の負担に苦しまないように、妊娠を望まない場合には、避妊をしっかりおこないましょう。

中学・高校用資料　chapter_08 その他の保健指導

ピアスを使う前に

ピアスに興味がある人が、多いようです。おしゃれを楽しみたい気持ちはわかりますが、安易な方法でピアスの穴を開けたり、誤った使い方をしたりすると、大きなトラブルにつながることもあるんです！　おしゃれを楽しむためにも、ピアスのトラブルについて、知っておきましょう。

ピアスによるトラブルの例

細菌感染

細菌が、ピアスによって生じた傷口について、炎症を起こすトラブル。感染しやすいのは2〜3か月経って、ピアスに慣れた頃です。医療用ピアスから普通に売っているピアスに交換するとき、ピアスのさし替えで出血するときに感染するケースが多いようです。

ピアスの頭やキャッチの皮下埋入

ピアスのキャッチ（留め金）をきつく締めすぎると、耳たぶの皮膚が圧迫されて血行が悪くなります。すると皮膚の表面がただれて、くずれてきます。そのままほうっておくと、ピアスやキャッチがどんどん皮膚の中にめり込み、切開しないと取り出せなくなってしまうこともあります。

トラブルを防ぐには？

- ピアスの穴を開ける際は、必ず医療機関を利用する（皮膚科・耳鼻咽喉科など）。
- あらかじめ皮膚科でアレルギーテストを受けて、自分の体質に合わない金属を確認しておく。
- アクセサリーの長時間の使用を避け、衛生管理に気をつける。
- かゆみなど異常を感じたら、使用をやめて早めに受診する。

金属アレルギー

金属アレルギーは、ピアスの金属の成分（金メッキの下に使われるニッケルなど）が少しずつ汗や体液に溶け出すことから始まります。溶け出した金属が結合したタンパク質ができると、身体の中の免疫細胞がそのタンパク質を敵とみなして攻撃します。免疫細胞は一度攻撃したタンパク質を覚えているため、その金属が触れるたびにアレルギー症状が起こります。これによって赤く腫れたり、かゆみや湿疹、水ぶくれなどを起こします。金属アレルギーは、一生続きます。すでにブレスレットやネックレスでトラブルを経験した人は、ピアス穴を開けないほうがよいでしょう。

ピアスで生じたケロイド

ケロイドは、治療にかなり時間がかかるトラブルです。ケロイドは、普通の傷と治る過程が異なり、どんどん大きくなる場合も多く再発を繰り返します。もし、肩や胸や下腹部に赤く盛り上がって何年も治らない傷（ケロイド）があるなら、ピアスを開けないほうがよいでしょう。

おしゃれ障害（誤ったおしゃれによる肌や体のトラブル）に気をつけて！

ピアスやタトゥーなど、誤ったおしゃれが子どもの体に悪い影響を与えることを「おしゃれ障害」と言います。子どもの体は発達途中でまだ完成していないため、大人と一緒のおしゃれは体に負担になるのです。おしゃれは、自己判断・自己管理ができる年齢になるまで待つことが大切です。

chapter_08 その他の保健指導　中学・高校用資料

デートDV

「デートDV」という言葉を知っていますか？　恋人からの暴力であるドメスティック・バイオレンス（DV）のことです。最近、10代のカップルの間でも起こっていて、問題になっています。今後、豊かでステキな恋をするために、もしもの場合に一人で苦しまないように、デートDVについて知っておきましょう。

デートDVとは

交際中のカップルの間で起こる暴力のことです。「暴力」にはいろいろな種類があります。

身体的な暴力	殴る、蹴る、モノを投げる、刃物で脅すなどで怖い思いをさせる。
精神的な暴力	ひどい言葉で傷つける、脅す、監視する、友だちとの交際を制限する、無断でメールチェックする、相手の大事なものを壊す。
経済的な暴力	お金をたかる、借りたお金を返さない。
性的な暴力	キスやセックスを強要する、避妊しない。

もしかして、被害者？？

自分でも気がつかないうちに、被害者になっていませんか？　もしも、パートナーにこんな言動があったら、それは「デートDV」です。

- ☐ 「ブス」とか「バカ」とか、あなたが傷つく呼び方で呼ぶ
- ☐ あなたが他の用事で会えなかったりすると、自分を最優先にしないと言ってふてくされる
- ☐ あなたがどこで誰と会っているかをひどく気にして、しつこく電話やメールをする
- ☐ あなたの携帯電話をチェックして、異性の友だちのアドレスを消せと言うことがある
- ☐ 相手を怖いと思うときがある
- ☐ 相手はとても優しかったり、すごく意地悪だったりを繰り返している
- ☐ けんかしたとき、怒らせるのはあなたが悪いなど、あなたのせいだと言って責める
- ☐ 「自分のことが好きなら、いいだろう」と、あなたの気のすすまないこと（キスやセックス）をしようとする

あなたにできることは？

「相手の言う通りにしないと、怖いから…」「相手に嫌われたくないから」と、「本当は嫌だ」と思う気持ちを押し込めて、相手に従うのは間違っています。お互いに対等につきあえるよう、自分の気持ちや考えを話すことが大切です。もし「デートDV」だと感じ、話し合っても相手とうまくいかないなら、「別れる」という選択肢を選ぶ勇気も必要です。そのとき、自分を責める必要はありません。悪いのは暴力をふるった相手です。暴力は、どんなことがあっても許されないのですから。困ったときは、信頼できる周囲の人に相談しましょう。もし友だちが被害に遭っていたら、批判せずにしっかり話を聞いてあげ、信頼できる大人への相談をすすめてあげてください。

参考文献

- 月刊『健康教室』編集部（編）『保健指導につなげる健康教育プリント資料集』東山書房
- 住田実（編著）『養護教諭のための教育実践に役立つQ&A集Ⅳ（『健康教室』2011年7月増刊号）』東山書房
- 住田実（編著）『養護教諭のための教育実践に役立つQ&A集Ⅴ（『健康教室』2014年7月増刊号）』東山書房
- 住田実（編著）『養護教諭のための教育実践に役立つQ&A集Ⅵ（『健康教室』2016年7月増刊号）』東山書房
- 『養護教諭の救急処置（『健康教室』2015年10月臨時増刊号）』東山書房
- 『保健指導・実践のファイル（『健康教室』2016年10月臨時増刊号）』東山書房
- 宮崎千明（監）岡田晴恵（著）『学校の感染症対策』東山書房
- 工藤典代（著）『子どもがかかる耳・鼻・のどの病気』少年写真新聞社
- 岡村理栄子（編著）宮永嘉隆、多屋淑子、町田英一、小川万紀子（著）『おしゃれ障害』少年写真新聞社
- 田中英登（著）『知って防ごう熱中症』少年写真新聞社
- 下田博次（著）『子どものケータイ利用と学校の危機管理』少年写真新聞社
- 内海裕美（監）川上一恵、松田幸久（著）『園・学校でみられる子どもの病気百科』少年写真新聞社
- はたちさこ、藤井ひろみ、桂木祥子（編著）『学校・病院で必ず役立つLGBTサポートブック』保育社
- 福井聖子（監）新谷まさこ（著）『よくある子どもの病気・ケガ　まずの対応マニュアル』ひかりのくに
- 石和久（著）『増補版　今若者が危ない　性感染症』慧文社
- 早川浩、小林昭夫（監）『テキスト　子どもの病気』日本小児医事出版社

※その他、専門家に対する取材や、各省庁のHPをはじめ様々なインターネットサイトを参考にいたしました。

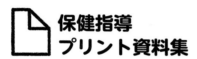
保健指導プリント資料集

2019年8月1日　第1刷発行

編　著	『健康教室』編集部
発行者	山本成一郎
発行所	株式会社 東山書房
	〒604-8454 京都市中京区西ノ京小堀池町 8-2
	tel. 075-841-9278　fax. 075-822-0826
	IP phone.050-3486-0489
	〒102-0073 東京都千代田区九段北 4-3-32-7F
	tel. 03-5212-2260　fax. 03-5212-2261
	IP phone. 050-3486-0494
	https://www.higashiyama.co.jp
印刷所	創栄図書印刷（株）

本書の内容および CD-ROM のコピー、スキャン、デジタル化等の無断複写・複製は、著作権法上の例外を除き禁じられています。
本書を代行業者等の第三者に依頼してスキャンやデジタル化することは、たとえ個人や家庭内の利用でも著作権法違反です。

© HIGASHIYAMA shobo

定価は表紙に表示してあります。
ISBN978-4-8278-1573-3
Printed in Japan